衡中名师教你②

政+史+地

跟我学，当学霸！
进清华！
上北大！

康新江 主编

人民日报出版社
北京时代华文书局

图书在版编目（CIP）数据

衡中名师教你：跟我学，当学霸，进清华，上北大！. ② / 康新江主编 . -- 北京：北京时代华文书局，2017.7

ISBN 978-7-5699-1712-3

Ⅰ . ①衡… Ⅱ . ①康… Ⅲ . ①课程－高中－升学参考资料 Ⅳ . ① G634

中国版本图书馆 CIP 数据核字 (2017) 第 146726 号

衡中名师教你：跟我学，当学霸，进清华，上北大！②

HENG—ZHONG MINGSHI JIAONI GEN WO XUE DANG XUEBA JIN QINGHUA SHANG BEIDA

作　　者 | 康新江

出 版 人 | 王训海
选题策划 | 樊艳清　郭晓飞
责任编辑 | 樊艳清　郭晓飞
装帧设计 | 金　刚
责任印制 | 刘　银

出版发行 | 北京时代华文书局；人民日报出版社
北京市东城区安定门外大街 136 号皇城国际大厦 A 座 8 楼北京；金台西路 2 号
邮编：100733
发行热线：（010）65369509　65369527　65369846　65363528
邮购热线：（010）65369530　65363527　　编辑热线：（010）65363486

印　　刷 | 北京中科印刷有限公司 010-69590320
（如发现印装质量问题，请与印刷厂联系调换）

开　　本 | 710×1000mm　1/16　　印　　张 | 11.25　　字　　数 | 170 千字
版　　次 | 2017 年 8 月第 1 版　　印　　张 | 2017 年 8 月第 1 次印刷
书　　号 | ISBN 978-7-5699-1712-3
定　　价 | 45.00 元

名师编委会

前 言

“望子成龙”、“望女成凤”是每个家庭的期盼与梦想。

学习改变人生，知识改变命运。在一孩化的年代里，子女能考入清华、北大，进入名牌大学，改变的不仅是孩子的命运，而是一个家庭的命运和未来。

衡水中学位于河北省衡水市，虽处三线城市，却创造了一流教育。在全国上万所普通高中连续四年考入清华、北大的人数过百；自2000年起蝉联了全省高考17连冠；十年来，30000余名学生考入全国重点大学……进入了衡中，就等于踏进了重点大学的大门。

名校有名校的文化，名校的老师有独特的教学方法，名校的学生创造出了多种学习方法。

先进的文化可以启迪，名师的教学方法和学霸的学习方法可以借鉴和学习。现在衡中不保留地与衡中之外的学子分享经验，不是人人都能进衡中，但人人都能学会衡中学习方法。

为了千万个家庭改变命运，为了千万名高中学子能跨入清华、北大，进入国家重点大学，开始自己的人生辉煌之旅，衡中与人民日报出版社出版衡中学霸、衡中名师、衡中十年等系列图书，为大家圆梦。

总策划 杨新城

目录

名师② 政＋史＋地

政治

孙文盛，教科处副主任，特级教师。多年教高三毕业班并取得优异成绩。获首届河北省学科名师、省骨干教师、省德育先进工作者、优秀青年教师、巾帼建功明星等省级荣誉；获市级优秀教师、学科带头人、拔尖人才等市级荣誉以及多项校级荣誉。主持的课题荣获省二等奖。作为备考专家在河北电视台做讲座，并在全国、省、市进行多场学校管理和学科教学的学术报告

★从基本特点看题型分布，判断命题趋势

★坚持“以干求肢”的解题原则

第二部分
非选择题提分技巧 / 21

杨柳，政治中心教研室副主任，高一年级副主任。带过5届高三毕业班，并带出两届河北省文科状元。在国家、省级市级各项赛课中多次荣获一等奖。至今已做过两届全国高考研讨会的报告，并多次外出讲学报告，深受同行的好评

徐瑞红，高级教师。曾多次获优秀备课组长、高考功勋教师、高考优秀教师称号。参与主持的省级重点课题《思想政治课中创新教育的协作性问题研究》荣获省级创新教育优秀成果奖

张静，任教5年。曾获青年教师希望之星、优秀教师、优秀研课主任等荣誉称号

★认识类：从宏观角度和具体角度判断

★评析类：正误混杂、条件不充分型找准“辨点”，选择立场型找全理论依据

★探究、开放类：根据设问的不同类型组织答案

第三部分

考前冲刺提分技巧 / 35

代付，政治中心教研室主任，高级教师。衡水中学首席教师，河北省学科骨干教师。曾被评为河北省“三八”红旗手 、衡水市巾帼建功明星、衡水市中小学优秀班主任、衡水市教育科研标兵、衡水市命题工作先进个人；多次获市政府嘉奖、三等功奖励；多次获得最受学生欢迎教师、优秀研课主任、优秀班主任、高考优秀教师、高考明星教师等称号；曾获全国政治优质课比赛一等奖

★树立正确高考解题观念：阅读理解能力、思维能力和表达能力是高分保证

★进行科学高效解题训练：基础训练稳扎稳打，提能训练拓展思维，全真训练分分必争

★形成高超解题答题技巧：认真审题是前题，规范作答是关键，应考心态是保障

★提升全面应对考试素质：身体素质要健康，心理状态要良好

历 史

第一部分
强化基础知识，做到心中有料 / 47

张丽琴，历史学科主任，一级教师，任教13年。曾获十佳备课组长、专业成长优秀教师等荣誉，所教学生多人考入清华北大

李桂兰，历史研课主任，一级教师，任教13年。曾获十佳备课组长、优秀教师等荣誉，所教学生多人考入清华北大

王剑，高二年级教学主任，一级教师，任教10年。曾获高考明星教师、河北省优质课一等奖、全国目标教学一等奖等荣誉

★历史概念类试题提分技巧：破题用三步曲（是什么、为什么、怎么样）

★阶段特征类试题提分技巧：以一个理论为出发点，串联此时期的主要大事

★比较类试题提分技巧：特殊史实比较，阶段史实比较，主题史实比较

张丽琴，历史学科主任，一级教师，任教 13 年。曾获十佳备课组长、专业成长优秀教师等荣誉，所教学生多人考入清华北大

乔燕，历史中心教研室副主任，一级教师，任教 11 年。曾获全国名师孵化大赛一等奖、省优质课一等奖、科研标兵、专业成长优秀教师等多项荣誉

杨坤宇，历史研课主任，高级教师，任教 16 年。所教学生多人考入清华、北大

程向辉，历史研课主任，高级教师，任教 16 年。曾获高考优秀教师等称号

孙玉静，历史研课主任，一级教师，任教 13 年。曾获专业成长优秀教师等荣誉。2013 年高考所教学生勇夺河北省文科状元

第三部分

强化史料意识，精准习题训练／ 80

李军燕，历史中心教研室副主任，高级教师，任教 12 年。20 名学生考入清华、北大

贾星，历史研课主任，二级教师，任教 6 年。曾获衡水中学科研创新标兵、最受欢迎教师、青年教师希望之星、优秀青年教师等荣誉

★强化史料意识：考查分析历史现象、论证历史史实、解决历史问题的能力

★精准习题训练：读典题，精选题，练好题，读新题

第四部分

做好整理改错，打造高质考生／ 89

张清秀，历史研课主任，任教 6 年。2016 年高考带出河北省文科状元、榜眼

裴冬梅，历史中心教研室主任，高级教师，任教 23 年。曾获高考优秀教师、全国优质课比赛一等奖等荣誉。所教学生多人考入清华、北大

★选择题整理：先分类再改错

★主观题整理：遵循改错四步曲

地　理

第一部分
基础知识篇 / 99

刘立敏，地理中心教研室主任，高级教师，任教20年。河北省“三三三”人才

周媛，高一地理研课主任，一级教师，任教9年。教学经验丰富，成绩优异，课堂独具特色，始终致力于高中生地理学科素养提升的深入研究

陈敏，一级教师，任教11年。曾获多项荣誉和奖励

尚美，一级教师，任教6年。曾获得河北省中小学学科教学评比一等奖、河北省“名师杯”优秀教学设计二等奖

★细研知识点：巧记基础知识，区别易混知识，突破重点难点

★构建知识网：分为链条、树枝、发散、对比、网络、图形式

★巧用地理图：图是地理的灵魂所在

★知识与生活：考点离不开衣食住行

第二部分

方法、技巧篇 / 124

赵文丽，地理中心教研室副主任，高级教师，任教 14 年。曾获多项荣誉和奖励

张晓丽，高二研课主任，高级教师，任教 16 年。河北省“三三三”人才

王美玉，地理中心教研室研课组副主任，一级教师，任教 10 年。曾获河北省优质课比赛一等奖

谢永红，高级教师，任教 17 年

★整体把握试卷结构：总体浏览心中有数，时间分配合理作答

★客观题提分技巧：了解近年高考选择题命制特点和趋势并针对性地突破是满分关键

★主观题提分技巧：把握特点，有效审题，按类攻克

★应考提分技巧：精心练习，耐心积累，用心反思，静心考试

第三部分

核心素养篇 / 148

李娇阳，地理中心教研室研课组副主任，一级教师，任教 9 年

郭立敏，高三地理教师，任教 14 年

姚美兰，地理中心教研室研课组副主任，高级教师，衡水中学首席教师，任教 30 年。曾获得河北省五一劳动奖章、河北省骨干教师、河北省首届地理学科名师等荣誉

卢松，一级教师，任教 9 年。曾获全国目标教学展示课一等奖

孙忠英，研课主任，一级教师，任教 7 年。曾获河北省综合实践说课比赛一等奖

李莉，地理中心教研室副主任，高级教师，任教 19 年。河北省优质课比赛一等奖

政　治

第一部分

选择题提分技巧

孙文盛，教科处副主任，特级教师

选择题是高考的主要题型之一，目的是检验同学们对所学知识的掌握程度和辨别分析能力，比重大，分值重，对文综成绩有着决定性的影响。题干在情境设计和设问上多种多样，题肢往往似是而非，迷惑性强，稍一疏忽，就会选错。那么怎样才能提高选择的正确率呢?

★从基本特点看题型分布，判断命题趋势

1. 选择题基本特点

选择题从形式上看由两部分构成：题干和题肢。常见的类型有：因果关系型、比较异同型、评价分析型、事例材料型、漫画寓意型、图表材料型、古文诗词型、引文材料型、一材多用型等。近几年整体命题特点：

①四选二稳定在 10 个左右

②推导题每年常考不懈

③一材二用、自然科学没有出现

④计算图像隔年交叉出现。

近几年选择题的题型分布

年份	客观题题型	
2012 年	原因题、推导题、古文材料题、自然科学材料题、一材二用一组	2 个四选一 10 个四选二 83%
2013 年	图像题、计算题、推导题、说明题、自然科学材料题 2 个、一材二用一组	3 个四选一 9 个四选二 75%
2014 年	计算题、图表题、推导题、概念材料题、自然科学材料题、一材二用两组	2 个四选一 10 个四选二 83%
2015 年	原因题、推导题、一材二用一组	1 个四选一 11 个四选二 92%
2016 年	图像题、推导题、漫画题	3 个四选一 9 个四选二 75%

2. 命题趋势预测

根据近几年整体命题特点，预计：

①四选二还会占 80% 以上

②推导题仍是考查热点

③一材二用、自然科学、计算图像也会出现

④漫画和人文素养类特别值得关注 ※

★坚持“以干求肢”的解题原则

1. 解题的基本要求

（1）掌握牢固的基础知识是做好选择题的基本前提

在平时的复习中必须力求全面、准确地掌握《考试说明》中规定的知识要点。

（2）仔细阅读与分析题干

明确题干的要求和规定是进行选择的出发点。在审题过程中，要注意以下五点。

①审题型

即审查题目是什么类型，是概念、原理（或观点）的理解、判断型，还是比较型、事实的分析型、综合型。

②审题意

即抓住题目立意，全面理解题意。要抓住中心词和中心句，把材料作为一个整体来认识，不可断章取义。

③审范围

即审角度，题干的限定性、指向性，确定题干规定性的知识范围。

④审题眼

即关键词。它确定了题干内容的特殊规定性，只有准确地把握“题眼”，选择题肢才有目标。立意和关键词相结合，对做难度稍大的题目有较大的帮助。

⑤审导语

即联结词。导语作为材料与选肢的联结词，规定了选择的方向，须做到“四明”。

一明正向还是逆向，即明晰题目要求是选符合题意的项，还是选不符合题意的项。

二明知识取向，即明晰题目要求解答的知识范围。

三明逻辑取向，即明晰题目是要求选原因还是选结果，是选现象还是选本质等。

四明回答问题的指向性，材料里可能出现几个活动的主体，而题目设问时只要求分析其中的某一个。题目列出了一大段材料，而题目在设问时只指向其中的某一点。

因此，在平时的训练中必须养成认真分析题干的习惯，反复阅读题干材料，吃透题干精神。

（3）坚持“以干求肢”的解题原则

即以题干的规定性为准绳，逐一分析题肢，选出最能与之“挂钩”的选项，排除与题干的规定性相悖的、脱钩的错误选项或同义反复的选项，才能做到准确无误的选择。

2．选择题常用方法——排除法

①排误法

排除内容本身全部错误或部分错误的题肢。

②排异法

排除内容本身虽然正确，但与题干规定性不相吻合的题肢。

③排重法

排除与题干变相重复的题肢。

④排倒法

排除与题干因果关系颠倒的题肢。

⑤排混法

排除正误混杂的题肢。

⑥排间法

排除与题干为间接联系的题肢。

⑦排不完全法

排除与题干要求不完全一致的题肢。

⑧排正法

反向选择题应该排除与题干正向联系的题肢。

⑨排非理性法

相信第一选择，除非有理性依据充分证明的确搞错了，否则不要随便改动。

3．题型举例

题型一：计算型选择题

（1）高考透析

①理论联系实际，密切关注时政。

②重视基础知识，突出能力要求。

③运用数学思维，引入分析工具。

（2）技法指导，高考政治计算题命题趋势及应对策略如下。

①消除畏难情绪，树立信心，沉着冷静作答，培养良好的心理素质。

②夯实基础。计算题的实质是考查相关理论，不是数学的运算。

③首先明确各基本要素之间的关系。

④明确题干中的原始条件和变化的条件。

⑤明确最后所求的公式，找到相关因素到底如何变化，不要轻易走捷径。

⑥计算题绝招：正比例关系用“×”，反比例关系用“÷”。口诀：“正比用乘法，反比用除法，提高用加法，降低用减法，升值用加，贬值用减”。

（2013·新课标Ⅰ卷，13题）中国H公司与美国某公司签订服装出口合同，约定服装单价为24美元，一年后交货。H公司生产一件服装的成本是144元人民币。签订合同的同时汇率为1美元=6.32元人民币，交货时为1美元=6.27元人民币。在不考虑其他条件的情况下，H公司交货时的利润率比签约时的利润率（A）

A. 下降0.835

B. 下降0.76%

C. 上升0.83%

D. 上升0.76%

【解析】

解题关键注意两点：一是人民币升值不利于出口；二是明确利润率＝利润 ÷ 成本。首先，1美元兑换人民币数量下降，说明人民币升值，不利于我国企业出口，因此可以排除C、D选项；其次，利润变化的计算分两步进行。

第一步，计算利润变化情况：（6.27×24 — 144）—（6.32×24 — 144）

第二步，计算利润率变化情况：[（6.27×24 — 144）—（6.32×24 — 144）]÷144×100% ≈ — 0.83%

题型二：曲线型选择题

（1）高考透析

数据、图形是分析经济现象和经济活动的重要工具。现行高中政治教材《经济生活》引入供给法则、需求法则、需求弹性、互补品与替代品等西方经济学理论，相关的曲线图在教与学中变得必不可少。自2008年高考山东文科综合能力测试第15题以来，曲线图类选择题逐渐成为高考政治试题的一个重要类型。如2014年、2015年、2016年高考，都有多套试卷出现此类题目。

经济曲线类试题主要指立足经济学基本知识，结合当前宏观经济政策，考查对经济现象变化的认识。试题主要以曲线变动的形式呈现。高考重点考查价格曲线。

（2）技法指导：解答此类型题目的一般解法（三步走）

第一步，解读题干文字信息，准确把握题意

第二步，转化题肢图表信息为文字信息

第三步，对题肢图表是否符合试题意图做出判断

（3）突破秘籍

①看清自变量，经济学中的图像自变量不同于数学，多数是竖轴为自变量。

②弄清方向，看清正反比。

③弄清变化，明确是一个变了还是两个变了，一个变了为平移，左移减少，右移增加；两个都变了为一条线，看清箭头的方向。

（4）问题设置的两种类型

①以图求文

以一幅（个别题目也有两幅的）曲线图作为题干，辅之以简短的文字说明，展现某一经济现象、经济规律，如数值变化、数量关系；四个选择题肢则以文字形式呈现，涉及对相应经济现象、经济规律的认识、理解。

②以文求图

题干以文字形式描述某一经济现象、经济规律，而以四幅曲线图作为选择题肢，要求考生从中选出符合题干文字描述的一幅。

（5）各类曲线

1）需求曲线

商品价格变动与消费者需求之间的一般影响规律：其他因素不变，价格与需求反方向变动。	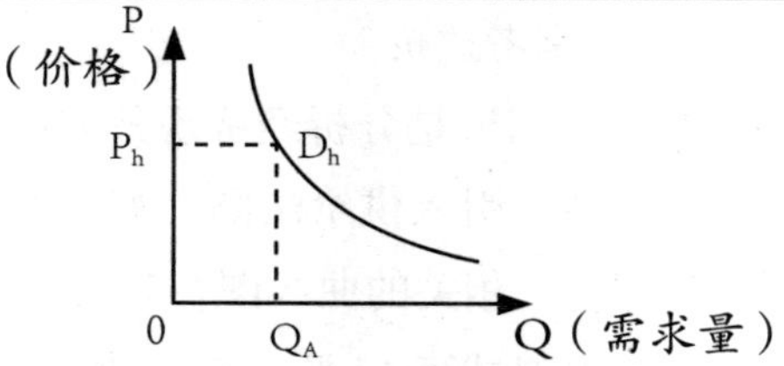 需求曲线

2）需求变动曲线

<table>
<tr>
<td>提示：
①先看正反比：明确横轴与纵轴代表的因素是什么。
②再看箭头左移还是右移：确定是来自价格本身还是价格之外的因素影响了数量的变动。
（注：只能说左右平移，千万别说向上或向下移动）</td>
<td>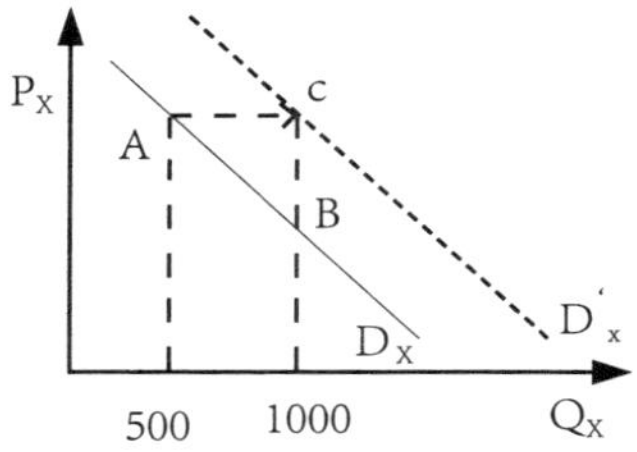

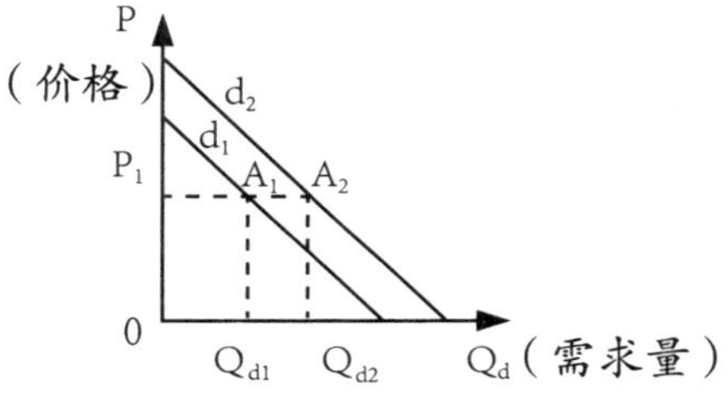

需求变动曲线</td>
</tr>
</table>

3）需求（价格）弹性曲线

<table>
<tr>
<td>同商品的需求量对价格变动的反应程度不同。
生活必需品对价格变动的反应程度较小（图一），高档耐用品对价格变动的反应程度较大（图二），※ 表现在图像上为：
①在需求轴上跨度大的为高档耐用品。
②跨度小的为生活必需品。</td>
<td>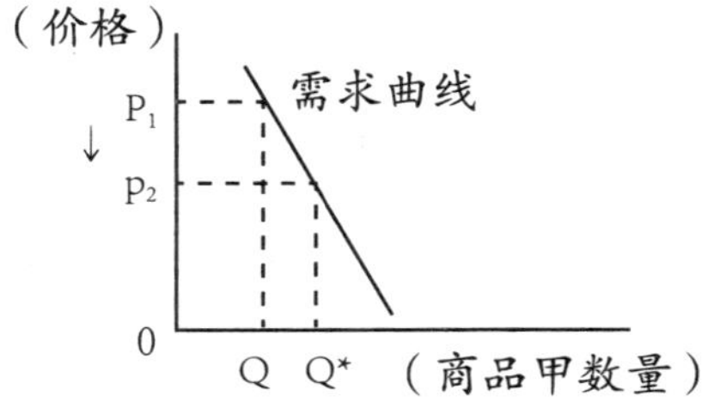

图一
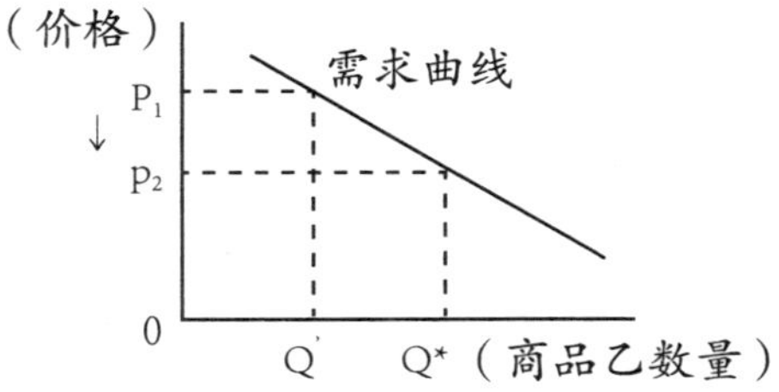

图二</td>
</tr>
</table>

4）需求交叉弹性曲线 ※

<table>
<tr>
<td>相关商品的价格变动对其需求量的影响：①替代商品②互补商品
A和B为替代品，B和C为互补品，A价格的变动，会引起C需求量怎样的变动？需求交叉弹性＝甲商品需求量变动的百分比 ÷ 乙商品价格变动的百分比
需求交叉弹性＞0，具有替代关系，数字越大，替代程度越强；需求交叉弹性＜0，具有互补关系，数字越小，互补程度越强。</td>
<td>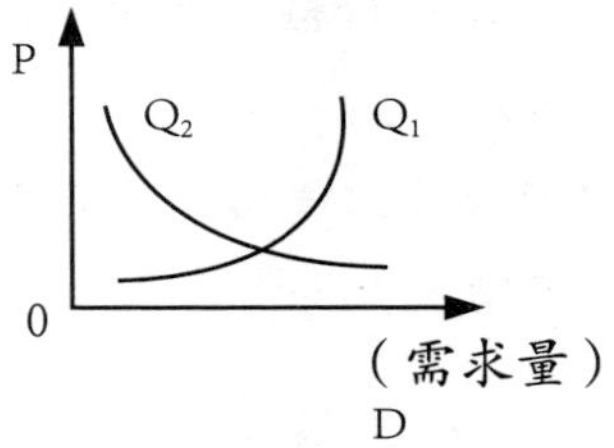
需求交叉弹性曲线</td>
</tr>
</table>

5）特殊的需求曲线（珍藏品、炫耀品）

<table>
<tr>
<td>当商品价格高低是商品质量高低的信号时，商品需求曲线向右上方倾斜。炫耀品、珍藏品可能也具有此种特点。</td>
<td>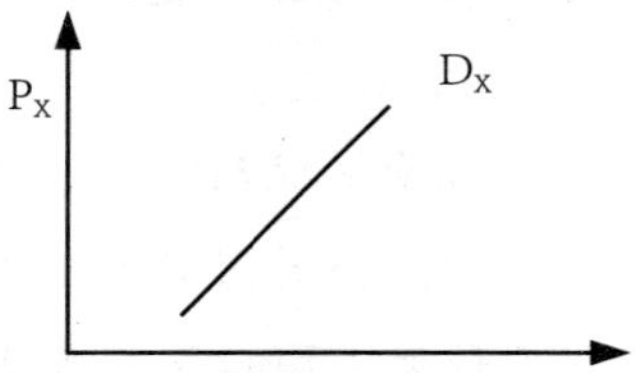
特殊的需求曲线</td>
</tr>
</table>

6）供给曲线

<table>
<tr>
<td>商品的供给量与商品的价格呈同方向变动。在其他条件不变的情况下，供给量随商品价格的上升而增加，随商品价格的下降而减少。</td>
<td>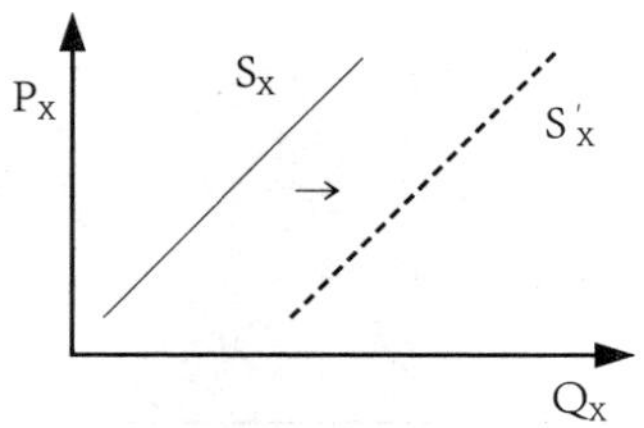</td>
</tr>
</table>

7）供给变动曲线

影响某商品供给量的因素还有很多，如劳动生产率的变化、生产要素价格或生产成本的变化、供给方的预期等。表示某个其他影响因素的变化对该商品供给量变化的影响，整条供给曲线向左或向右移动。	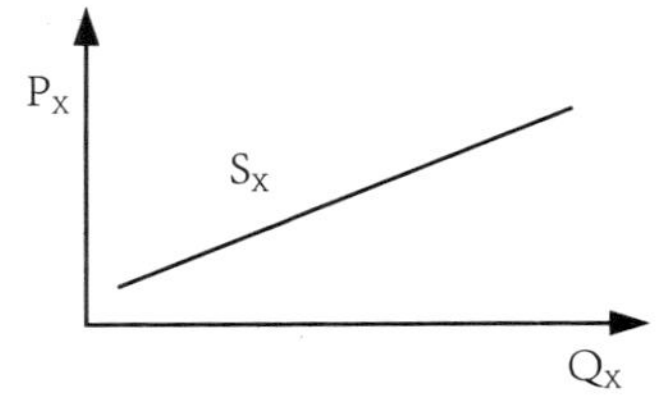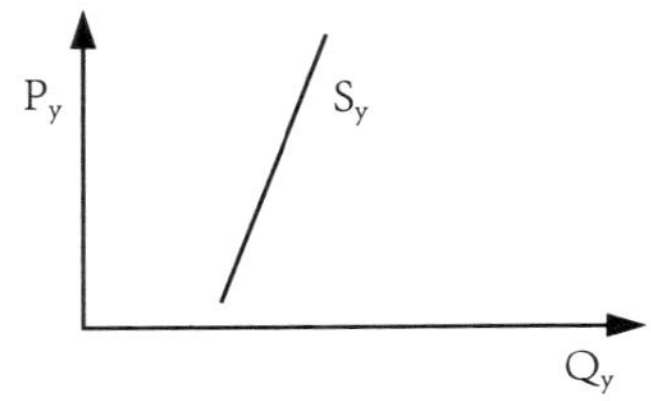

8）特殊的供给曲线（劳动力、土地）

①劳动力供给曲线：劳动供给曲线的形状表现为一条向后弯曲的曲线。它指劳动供给曲线呈现出的劳动供给量随着工资上升先增加后逐渐减少的特征。劳动力供给曲线也可能存在水平或垂直的情况。	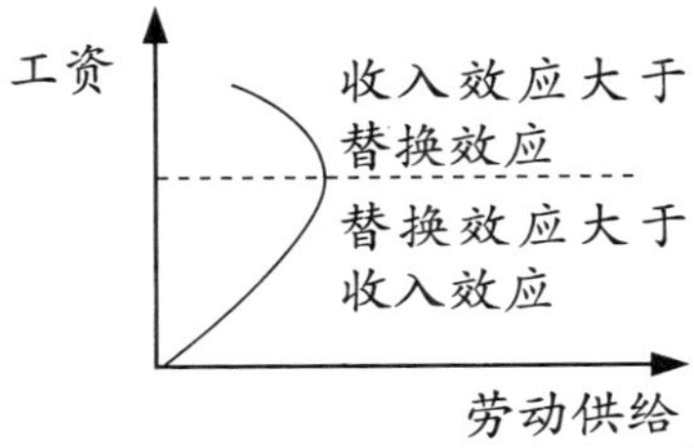
②土地供给曲线：土地的消费性使用只占土地的一个很微小的部分，因此在分析土地资源时一般假定土地所有者自用土地的效用为零。因此，土地效用只取决于土地收入。为了获得最大效用就必须使土地收入达到最大。也就是说要尽可能多地供给土地。因此，无论土地价格是多少，土地供给曲线将在其土地总量的位置上垂直。	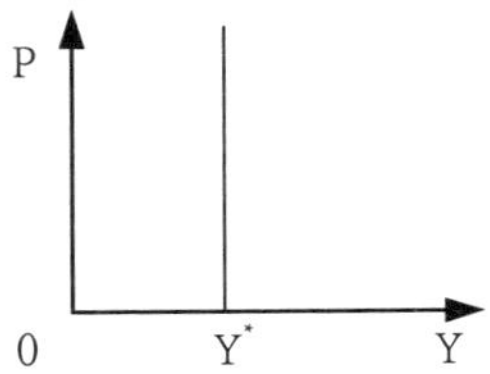

9）均衡价格曲线

<table>
<tr>
<td>该曲线表示市场供求相互作用形成商品的均衡价格，E 点为均衡点。市场价格偏离均衡价格会导致市场处于过剩或短缺状态。但通过市场的自发调整，市场又会自动回到均衡状态。最低限价与最高限价政策可能会导致市场供求处于非均衡状态。</td>
<td>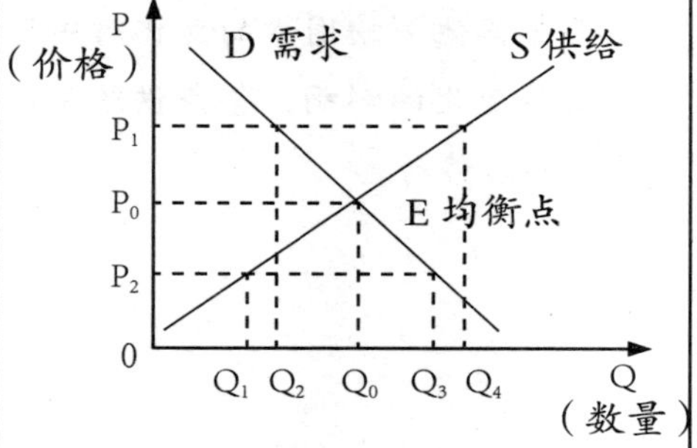
</td>
</tr>
</table>

10）支持价格

<table>
<tr>
<td>是指一国为了支持农业的发展而对粮食等农产品所规定的最低收购价格。我国某农产品的需求曲线（D）和供给曲线（S）如图所示。支持价格一般是在农产品供大于求时采取的政策。当农产品的供给量大于需求量时，农产品价格下跌，这会损害农民的利益。国家为保护农民的利益，采取最低收购价格政策，使农产品在供大于求时，价格不会太低，以调动农民的生产积极性。分析图可知，当价格为 P_1、供给数量为 Q_4 时符合实行最低收购价格的条件。该产品的支持价格和供给数量分别为 P_1，Q_4。</td>
<td>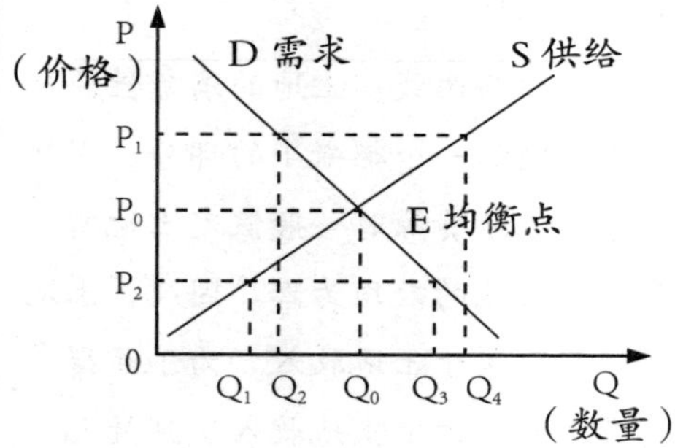
</td>
</tr>
</table>

11）拉弗曲线

一般情况下，税率越高，政府的税收就越多，但税率的提高超过一定的限度时，企业的经营成本提高，投资减少，收入减少，即税基减小，反而导致政府的税收减少，描绘这种税收与税率关系的曲线叫作拉弗曲线。	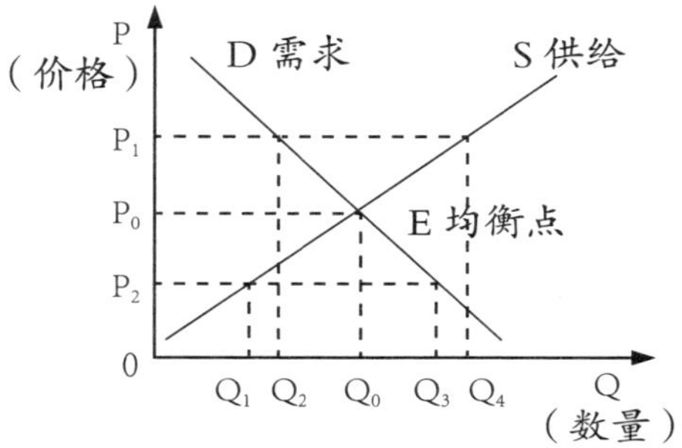

12）生产可能性曲线

也可称为转换线，主要用来考察一个国家应该怎样分配其相对稀缺的生产资源问题。生产可能性曲线是用来说明和描述在一定的资源与技术条件下可能达到的最大的产量组合曲线，它可以用来进行各种生产组合的选择。生产可能性曲线还可以用来说明潜力与过度的问题。生产可能性曲线以内的任何一点，说明生产还是潜力，即还有资源未得到充分利用，存在资源闲置；而生产可能性之外的任何一点（则是现有资源和技术条件所达不到的；只有生产可能性曲线之上的点，才是资源配置最有效率的点。	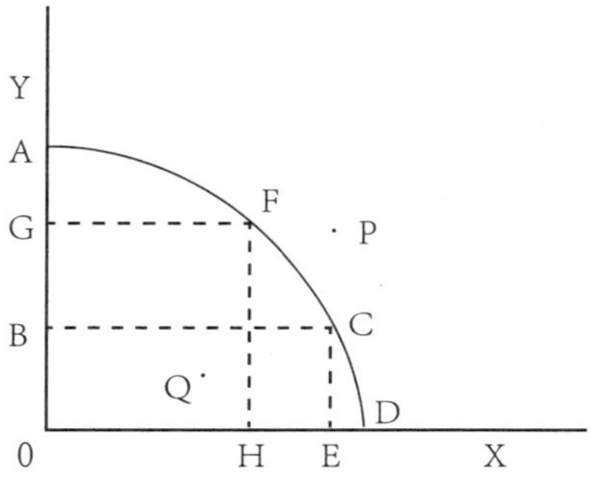

13）菲利普斯曲线

用以表示失业率和通货膨胀之间此消彼长、相互交替关系的曲线。	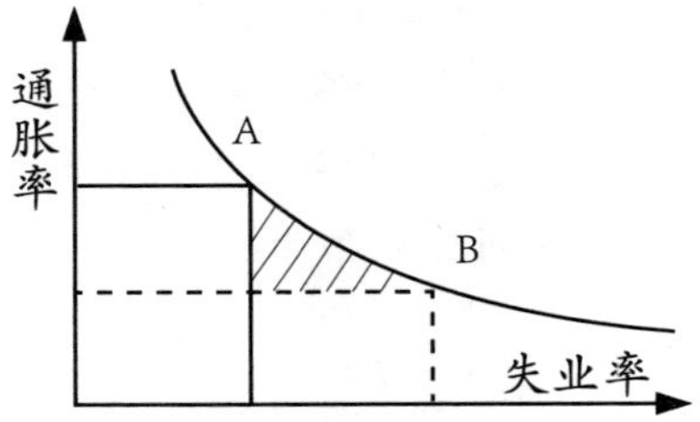

14）洛伦兹曲线

用以比较和分析一个国家在不同时代或者不同国家在同一时代的财富不平等，洛伦兹曲线与 45 度线之间的部分 A 叫作“不平等面积”，当收入分配达到完全不平等时，洛伦兹曲线成为折线 OHL，OHL 与 45 度线之间的面积 A+B 叫作“完全不平等面积”。不平等面积与完全不平等面积之比，称为基尼系数，是衡量一国贫富差距的标准。基尼系数 G=A/（A+B）。显然，基尼系数不会大于 1，也不会小于零。	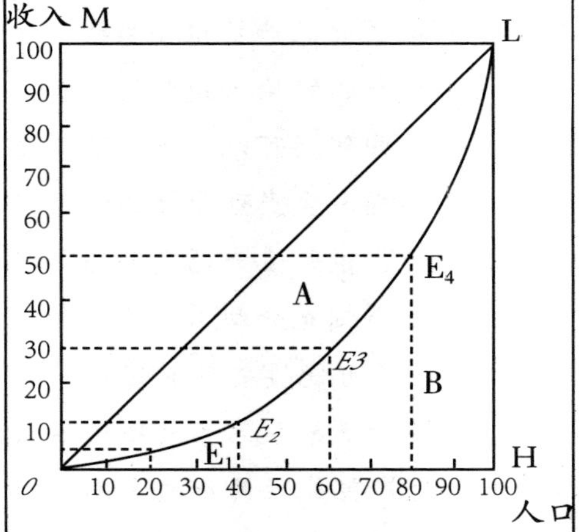

（2013·课标全国卷Ⅰ）2012年，某县农民种植的土豆产量大增，但市场没有相应扩大，农民不得不低价销售，收入不增反降。下图的①②③④中，能够反映这种“丰产不丰收”经济现象的是（B）

A. ①

B. ②

C. ③

D. ④

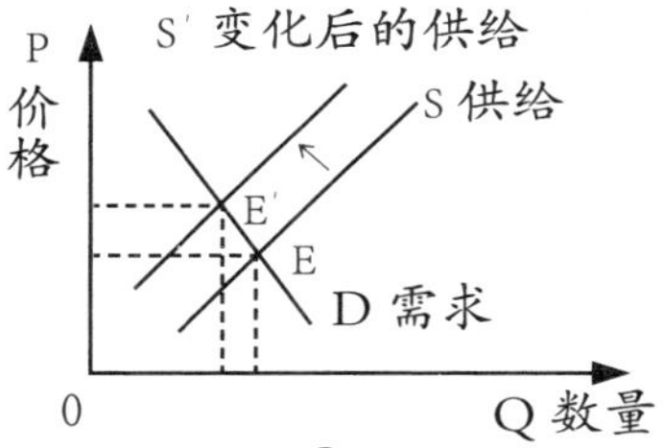

①

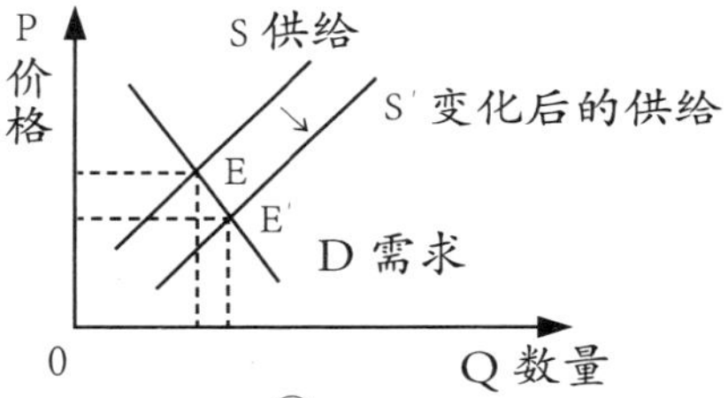

②

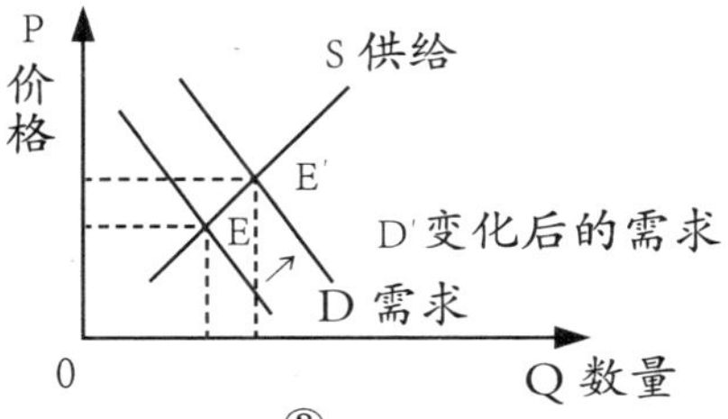

③

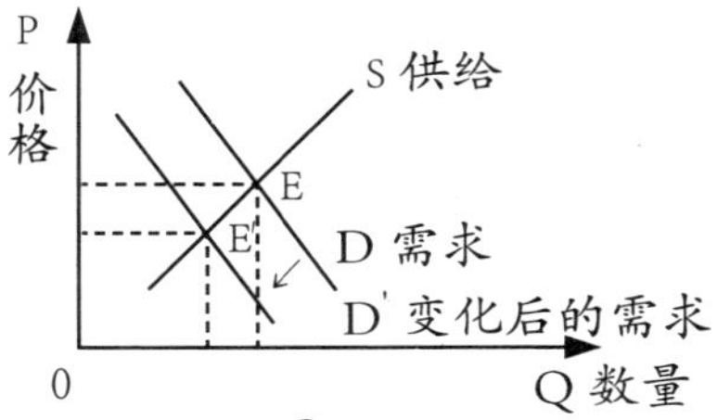

④

【解析】

本题考查价格变动对生产的影响。某县农民土豆产量大增，市场没有相应扩大，农民低价销售，说明土豆供过于求，故供给曲线会出现②的变化走势，排除①。

③④分别为需求曲线的走势，与题目考查农民“丰产不丰收”的主旨无关。

（2015·安徽高考文综）出境游作为一种大众消费，其需求量（Q）受出境游价格（P）、居民收入（M）等因素影响。不考虑其他因素，下图中能正

确反映P与Q、M与Q关系的图形有（B）

A. ①③

B. ①④

C. ②③

D. ②④

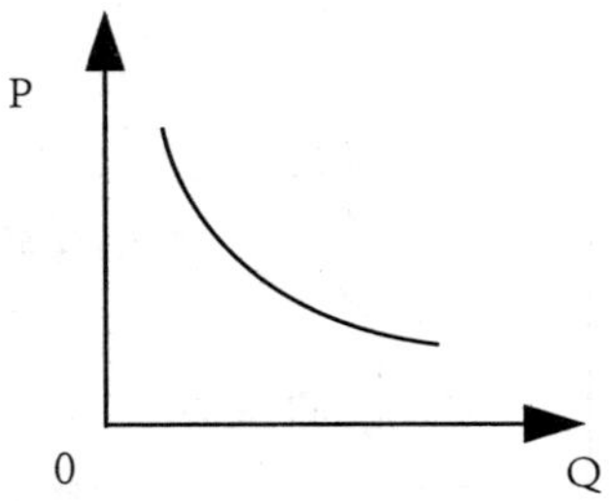

①

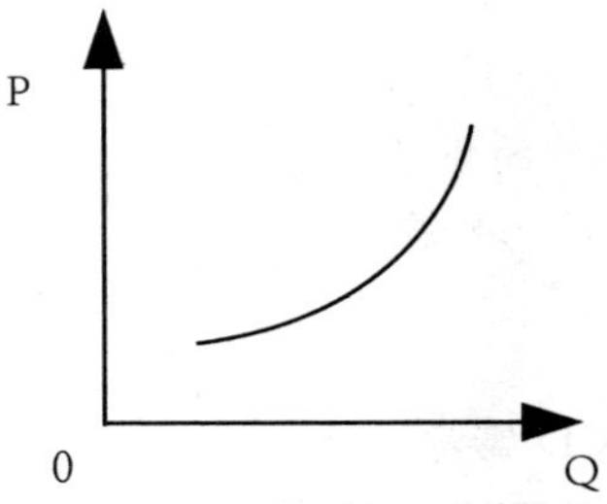

②

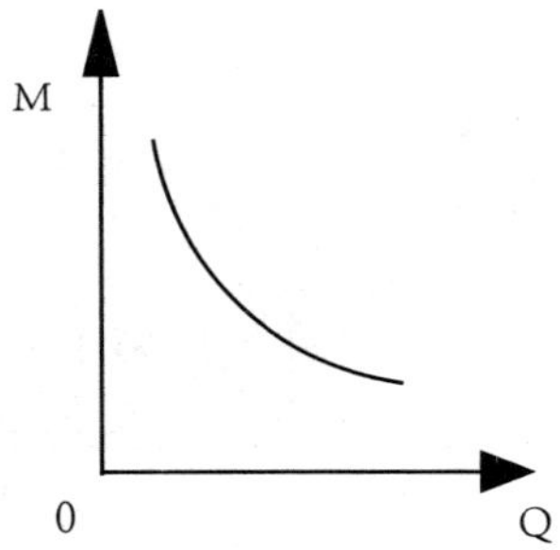

③

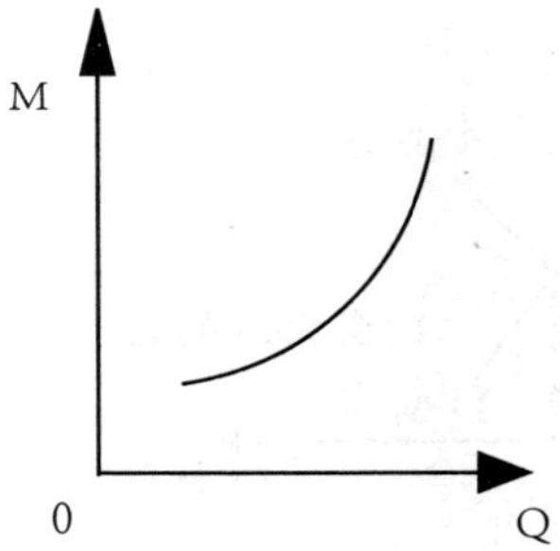

④

【解析】

一般情况下，价格上涨，人们会减少对它的需求，价格下跌，人们会增加对它的需求，据此可以判断①正确②错误。

收入是消费的基础和前提，在其他条件不变的情况下，收入增加，消费越多，故④正确③错误。

（2016·新课标II卷·12题）西晋著名文学家左思的《三都赋》创作完成后，都城洛阳的人们都认为写得好，争相传抄，一下子使纸帛的价格贵了好几倍，

这就是成语“洛阳纸贵”的由来。若用 S、D 分别表示供给和需求曲线，下列图示正确反映“洛阳纸贵”的是（B）

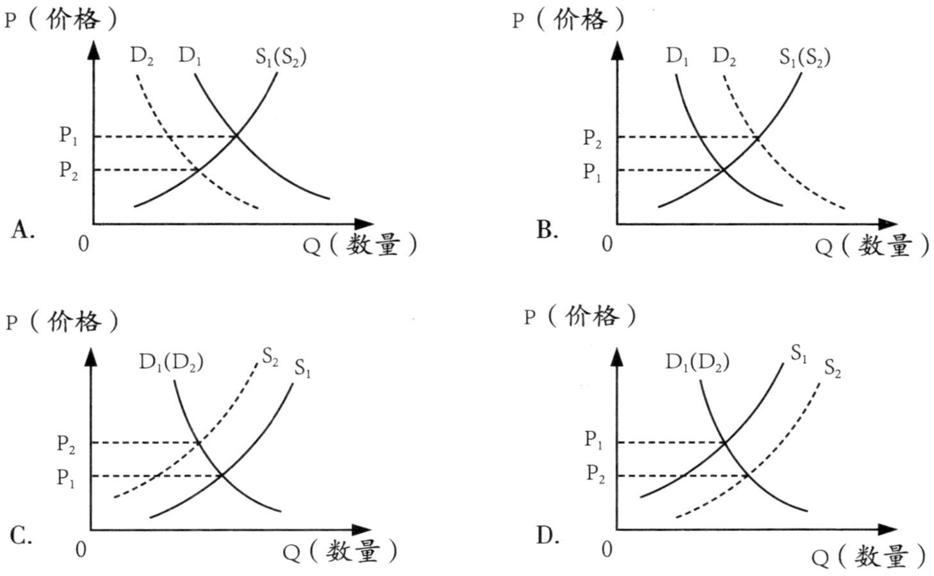

【解析】

A 项，表示的是需求减少，价格下降，与题意不符。

B 项，“洛阳纸贵”是因为人们争相购买，需求增加，改变了供求关系，从而使价格上涨，符合题意。

C、D 项，材料没有涉及洛阳纸张的供给变化，故排除。

题型三：推理类选择题

（1）高考透析

①理论联系实际，密切关注时政。

②重视基础知识，突出能力要求。

③运用逻辑学思维，引入分析工具。

（2）提分技巧

解答这类题可采用推演法，通过必要的推理，来确定符合题意的正确答案。

推理时要掌握正确的指导思想，如经济原理、逻辑关系等。本题型现在主要考查经济类材料，因此，考生平时要注意归纳经济现象，运用相关知识加以利用。本题型考查呈现增长趋势。

（2016 · 全国卷 I，15 题）2015 年，某国宏观经济形势如下：产能利用率不足；固定资产投资同比下降 4.0%；居民消费价格指数（CPI）增幅从 2. 5% 下跌至 1%，低于国际公认的合理值 3%。据此，预防通货紧缩成为关注的焦点。若不考虑其他因素，可能引发通货紧缩的传导路径是（A）

①产能过剩→工业品供过于求→工业品价格走低→企业利润下滑

②消费低迷→消费品供过于求→消费品价格走低

③社会总供给大于社会总需求→物价总水平持续下跌

④企业投资萎缩→失业率上升→居民收入下降

A. ①→④→②→③

B. ④→①→③→②

C. ①→③→④→②

D. ④→②→①→③

【解析】

本题是传导性试题，要明确变量之间的关系，可采用首尾法进行确定。即先确定第一个题肢或者先确定最后一个题肢，如果先确定第一个题肢，可以依此往后推，如果是先确定最后一个，可以依此往前推。同时要注意排除错误选项，按此步骤，基本上可以确定正确答案。

企业是市场主体，利润下降，失业上升，收入降低，消费低迷，供给大于需求，正确的传导顺序是①→④→②→③，故本题答案选 A。

题型四：古文材料型选择题

（1）高考透析

在近几年所有全国卷以及地方卷中（不论单科卷或综合卷），都涉及了古诗词为材料的试题。

特点一，从诗词选择看，以唐诗宋词中的名言名句为主。

特点二，从命题范围看，主要集中在哲学常识。

特点三，从命题意图看，主要考查古诗句直接体现的哲学道理。

特点四，从组题形式看，以古诗句做题干为主，选择题由题干和题肢两部分组成。

（2）提分技巧

1）做好知识积累

在复习哲学常识的过程中，要搜集和整理一些常用成语，并把握其中的哲理，还应适当积累一些哲理性的名言名句和古诗词，读懂并翻译材料，在理解的基础上善于结合哲学知识进行分析。

2）掌握做题方法

①透视主旨法

适合这种方法的名人名言型试题一般是以名人名言等为题干，题肢为基本理论点。解答时，考生需综合提炼题干材料所蕴含的主旨，并依据此主旨，对接题肢中的基本理论点，相符合的题肢就选。

②臆断排除法

就是针对题干中的名言警句，将断章取义、望文生义或绝对化臆想的题肢加以排除。

（2014·浙江卷）古语云：善不积不足以成名，恶不积不足以灭身。这句话蕴含的道理有（C）

①善与恶相互对立；②善与恶在一定条件下相互转化；③成名、灭身各有相应的量变前提；④善、恶的积累必导致相应的质变

A. ①②

B. ③④

C. ①③

D. ②④

【解析】

本题考查唯物辩证法的发展观和矛盾观。

题①，材料中的古语揭示了善与恶两种不同的道德观念，双方相互排斥、

相互对立，体现了矛盾的斗争性，符合题意。

题②，材料没有体现善与恶在一定条件下的相互转化，不符合题意。

题③，善积累到一定程度成名，恶积累到一定程度灭身，由此体现了量变是质变的前提，符合题意。

题④，善、恶积累到一定程度才会有相应的质变，说法错误。

题型五：漫画寓意型选择题

（1）高考透析

漫画题取材广泛，形式灵活多样，内容风趣丰富。

①命题主旨

利用漫画生动形象的特点，揭示某种现象所包含的道理，讽刺或者抨击某种错误的思想和做法，引导人们树立正确的世界观、人生观和价值观。

②题干

由漫画、漫画的标题和选择要求三个部分组成。

③选项

从理解、认识、评价等角度来设置。

（2）技法指导

1）提分技巧

①审漫画标题

这是漫画的眼睛，透过这个“画眼”可以洞察整幅漫画的主题。

②审漫画主旨

一定要仔细观察画面，注意画面上每一“要素”所提供的信息。

③审漫画语言

要仔细品味画中的语言文字，认真思考这些语言文字中所隐含的观点，有时它会成为我们弄清漫画寓意的金钥匙。

④审漫画寓意

如果说直观意义反映的只是漫画的表面现象，那么背后必然隐藏着深刻的寓意，这就是漫画所要揭示的真正主题。能否挖掘出漫画的寓意是审题的关键。

2）联系教材

一般来说，试题中漫画所蕴含的道理，往往是我们在教材中学习过的基本观点、基本原理等。因此，在解题过程中，我们应结合漫画画面，进行全面分析，看看漫画的寓意与教材中的哪些观点、原理相吻合，找准切合点。

3）准确作答

要根据题干的规定性，在准确审题的基础上，结合漫画寓意，对选项逐一分析，然后决定取舍。题目的选择要求往往是限定了知识、答案的范围：是选观点正确的，还是选观点错误的；是应该坚持的，还是应该反对的；是给我们的启示，还是反映的什么道理；是经济学的、政治学的、文化的还是哲学的等。此外，还要特别注意题干中的关键词，它往往决定选择题肢的正确与否。

（3）教你一招

巧解漫画题，应牢记下列口诀：

画面要看全，

褒讽意在先，

深入抓题旨，

联系课本选。

题型六：自然科学与生活型选择题

（1）高考透析

依托自然科学型选择题多以自然科学的最新认识成果及其应用对经济社会发展的影响、自然科学的发展历程、人们在处理人与自然的关系时所获得的经验教训等为背景，主要考查生活与哲学模块中唯物论、辩证法和认识论的有关知识。

（2）技法指导

首先，看题肢表述的是什么知识。

其次，分析材料中有关自然科学变化的表述，分析变化的动态过程所对应的题肢表述的知识及其相关的意义。

方法一，关键词（句）法

从材料中找出关键词（句），然后通过分析、比较选出能够体现这些关键词（句）的题肢。

方法二，归纳法

根据材料中的具体做法归纳总结出具有普遍意义的一般做法和要求，即从个性中找到共性。

方法三，排异法

排除观点正确但不符合设问要求或材料没有涉及的题肢。

方法四，排谬法

排除观点不正确或不符合事实的题肢。

小小的选择题包含着大大的内容，充满着丢分的陷阱，个中的巧妙与复杂关系，稍不注意都会将同学们引向错误的方向，丢掉宝贵的分数。不过，只要我们能夯实基础知识，坚持以上的方法和技巧，大可轻松笑对各种陷阱。

同时也提醒我们在日常的学习中要注意对选择题的挖掘，选择题改错要研磨式做题，要以选项为核心进行研磨。

对于入选项，明确入选的理由；

对于错项，知道错在哪里，如何改错，改成正确项后看是否入选；

对于无关项，分析为何无关，材料中增加什么信息即可入选；

对于非最佳项，为何有道理而不能入选；

除材料中的入选项外，增添哪些题肢也可以入选；

改一改过渡语的指向，看如何确定入选项，或者自己编制入选项；

总结不同选择题的解题策略，分析选项，改编试题，总结方法。

第二部分 非选择题提分技巧
杨柳，政治中心教研室副主任，高一年级副主任
徐瑞红，高级教师
张静，任教 5 年

★认识类：从宏观角度和具体角度判断

1. 宏观角度

①是什么、为什么、怎么办（如何选择）

②材料导向类设问导向类

有专家说：十大流行语如果要真正反映时代，就不仅要有来自庙堂之上的宏大叙事，也应该有江湖之远升斗小民挣扎奋斗的声音，应该触及社会问题和民众生活的痛处。只有这样，流行语才算真正全面地反映我们的时代。

围绕"流行语"怎样才能更好地反映时代引发的争论，反映了人们对待文化发展的态度。有人据此认为，建设社会主义文化强国，既要调动民众广泛参与，又应关注"江湖之远升斗小民挣扎奋斗的声音"。运用文化生活的知识并结合材料谈谈你的认识。（12 分）

【答案】

①人民群众是社会实践的主体，也是实现文化创新、建设社会主义文化

强国的主体。

②从文化的产生来看，文化为人所创造，人们在社会实践中创造和发展了文化，也在实践中获得和享用了文化。从民众的社会生活中产生的流行语，为大众提供了日益丰富的语言表达形式，必将带来语言的丰富发展。可见，调动亿万人民群众的主动性和创造性，有利于民众树立高度的文化自觉和文化自信，推动社会主义文化强国的建设。

③从文化创新来看，增强全民族文化创造活力，是繁荣文化的必由之路，也是建设社会主义文化强国的关键。流行语产生于生活，评选“流行语”只有关注最广大人民群众的根本利益，理解人民群众对文化生活的基本需求，才能使语言内容、形式的创新获得源源不断的生命活力。可见，关注“江湖之远升斗小民挣扎奋斗的声音”，有利于为文化创新提供不断的源泉动力，实现文化强国的目标。（每点 4 分，共 12 分）

2．具体角度

体现、原因（依据、意义）、启示（措施）等。

（1）体现类提分技巧

抓好两个方向——设问与材料。

①明确知识

在知识范围的圈定内，要做到微观上准确到位，宏观上整体把握。

②研究材料

要详细分析材料，研究材料的每一层意思，甚至材料的每一句话。依据“标点符号、关键词、行为主体、主要意思”等重要信息，将材料划分出层次，作为分条的依据。

③比较分析

对先前所罗列的知识与材料的具体内容进行比较分析，弄清哪些知识在材料中得到了体现，找到一一对应关系。

推动高铁、核电等中国装备“走出去”是我国提高对外开放水平，实现出口升级、产业升级的重要举措。

2014 年 11 月至 2015 年 1 月，国务院常务会议 4 次讨论中国装备“走出去”的问题。李克强总理表示中国积极推动高铁、核电、航空、电信等优势产业走出去，对接当地的市场需求。

2015 年 1 月 28 日的国务院常务会议提出，支持企业利用国内装备在境外建设上下游配套的生产线，实现产品、技术“走出去”；支持企业境外并购、建立海外研发中心等，提高跨国经营能力；加强境外投资监管，规范企业经营秩序，坚决防止恶性竞争。

运用政治生活知识，说明我国政府是如何履行职能的。（12 分）

【答案】

①国务院常务会议支持我国装备“走出去”，实现出口升级、产业升级，加强境外投资监管等，通过经济调节、市场监管和公共服务，履行了组织经济建设的职能。（4 分）

②国务院在三个月内的 4 次常务会议上讨论我国装备“走出去”的问题，做到求真务实，增强服务意识，充分履行了职能。（4 分）

③国务院多次召开常务会议，讨论中国装备“走出去”的问题，制定具体措施，通过制定和执行科学决策，有效履行了职能。（4 分）

（2）原因类——为什么提分技巧

1）解题思路

第一，划清原因的层次。即必要性（依据）和重要性（意义）（学生作答时特别容易忽视）。

第二，具体来说：

a. 从分析必然性角度展开。必然性一般以“依据”的形式出现，既有理论依据，又有现实依据。理论依据往往是对应教材原理，现实依据则对应时代背景、符合时代潮流，是为了解决现状不足的需要。

b. 既要分析问题存在的客观条件，也要重视主观条件，坚持主观与客观的有机结合。

c. 重要性多数是解决问题的现实意义，多数是正面作答，有时也要回答这样做或不这样做的危害，在解题过程中，一般应由近及远、由直接到间接；

同时还要结合对不同主体可能的影响来谈意义。

d. 高考题一般从比较小的角度提出问题，我们回答原因类主观题不可能面面俱到，但以上思维模式必须具备。我们只有平时做到胸有成竹，高考才能临阵不乱，灵活应对。

2）答题步骤

①分析设问，明确主旨

原因类主观题设问大多都开门见山，分析设问要明确设问的知识范围，确定原因的主体指向和设问指向。

②审读材料，分清层次

材料与设问是相对应的，材料中的每一个层次可能都对应着一个角度或一个方向的原因，通过分清材料层次可以有效捕捉原因的踪迹。

③回扣教材，提取信息

意融于书而贯于题。无论命题立意如何，都要以书本知识为载体，这就要求我们根据设问指向，迅速提取教材的有效信息。信息提取宜多不宜少，而且要准确，不要怕多，我们要结合题意去粗取精；如果信息提取不足，往往会导致要点遗漏、答案不全、挖掘不深、分析不到位等问题，导致失分。

④有机结合，归纳总结

国企改革顶层设计方案出台，混合所有制改革是其中亮点之一。混合所有制在中国并非完全是新生事物，经过多年改革，很多国企其实已经是混合所有制。但在一些行业如石油石化、电信等，因为存在集中审批现象，行政垄断并未实质打破，不能发挥社会和民营资本的活力。目前混合所有制经济已提升到我国基本经济制度重要实现形式的高度，作为一种富有效率和活力的资本组织形式，将成为深化国企改革新的有效载体和动力，混合所有制已成为新形势下深化国企改革、完善基本经济制度的必然要求。推进混合所有制的重点在于提升国资杠杆，用活国有资本，提高国有资本对整体经济的控制力。在这一过程中，提高国资吸引力，以吸引社会和民营资本进入国企领域至关重要。

运用《经济生活》相关知识，说明为什么发展混合所有制已成为新形势

下深化国企改革、完善基本经济制度的必然要求。（12 分）

【答案】

①混合所有制改革成为国企改革顶层设计的亮点，这是现阶段我国社会主义生产力的发展要求，也是国家进一步完善公有制为主体、多种所有制经济共同发展基本经济制度的具体要求。（4 分）

②混合所有制经济是社会主义初级阶段基本经济制度的重要实现形式，有利于国有资本增强控制力、提高竞争力，有利于各种所有制资本取长补短、相互促进、共同发展。（4 分）

③国有企业在我国国民经济中发挥主导作用，是推进国家现代化、保障人们共同利益的重要力量。大力发展混合所有制经济，可以用活国有资本，提高国有资本对整体经济的控制力，巩固公有制的主体地位和国有经济的主导作用。（4 分）

（3）突出——意义类提分技巧

1）锁定主体（对谁有意义）

分析设问中的事件或措施对“谁”有意义。《政治生活》中常见的主体有党、国家、人民、人大代表、公民等；《经济生活》中常见的主体有消费者、经营者、企业、国家、劳动者等。总之，考虑意义时我们一定要考虑对“谁”有意义。

2）明确范围（有什么意义）

在答意义类主观题时，一般要考虑以下两个范围。当然，有很多题目是要求将两种范围结合在一起分析的。

①知识范围

即把问题分解成经济意义有哪些、政治意义有哪些、哲学意义有哪些、社会意义有哪些、文化意义有哪些等小问题来分析。

②区域范围

即考虑国内影响和国际影响、区域影响和整体影响等。

3）把握角度

把握角度即从不同的角度来分析意义。对同一个问题或者同一个措施，从不同的角度往往能找到带来的不同影响或产生的不同结果。角度找得越准、越全面，答题的全面性和准确度也就越高。

4）回归教材

即把设问与教材内容联系起来找答题思路，学习和掌握知识是为了运用知识解决问题，所以在解答意义类主观题时先要联系教材，准确提炼教材给我们提供的相关意义。在这里，扎实的基本功就显得尤为重要。

5）提炼材料

教材为我们提供理论依据，材料为我们提供现实依据和方向指导。提炼材料的过程是一个理论加工的过程，也是理论与现实相结合的过程。

6）坚持原则

在解答意义类主观题时，要注意以下几个原则：

①要遵循由小到大、由直接到间接、由近及远的原则，做到思路清晰。

②要紧扣材料，并结合党和国家的方针政策，体现时代性。

③要多角度思考，宜多不宜少，力求准确全面，体现一定的综合性。

全会把完善和发展中国特色社会主义制度，推进国家治理体系和治理能力现代化确立为全面深化改革的总目标。从“管理”到“治理”，一字之改却折射出治国方略的总体思想变革。国家治理让民主融入了治理，人民成为治理的主体。人民有更多的话语权、决策参与权。国家治理是法治机制上的治理，重视运用法治思维和法治方式的治理。全会指出要紧紧围绕坚持党的领导、人民当家做主、依法治国有机统一深化政治体制改革，加快推进社会主义民主政治制度化、规范化、程序化，建设社会主义法治国家，发展更加广泛、更加充分、更加健全的人民民主。

结合材料，说明从“管理”到“治理”对发展中国特色社会主义民主政治的意义。（12分）

【答案】

①有利于更好地实现党的领导、人民当家做主、依法治国的机统一。（3分）

②有利于保证人民当家做主的地位，发挥人民群众在国家治理中的作用。（3分）

③有利于保障人民群众的参与权、表达权与知情权，维护社会的和谐稳定。

（3分）

④有利于促进政府职能的转变，打造法治政府、服务型政府，提升行政管理水平。（3分）

（如果答：有利于国家治理的科学化、民主化、文明化、法制化；有利于科学民主决策、民主监督；有利于贯彻依法治国的方略；有利于更好地维护人民群众的利益，实现社会公平正义。任何一点均可给3分，但该题总分不能超过12分）

（4）“措施、建议类”、“启示类”主观题提分技巧

1）题型特点

“启示类”的设问有“给我们什么启示”，“如何”或“怎样”等引导语来设问，提出解决问题的方法或合理化建议。

“措施、建议类”题型一般是给出材料后，根据材料中存在的问题或者假如你是什么角色提出你的建议之类。

2）解题技巧

第一，从教材中找点

要认真回想教材相关方面的知识，不能随意乱想。

第二，从材料中找点

如果材料呈现的是问题，那么材料中问题的反面就是突破点。如果材料呈现的是正确做法，那么只需要对材料中的具体做法加以概括并且结合教材内容就可以了。

第三，从当前时政热点和党和国家重大政策中找点

万一不会做，教你一绝招：改写材料，别留空位。改写材料，但不能照抄，要有条理重新整理组合，会有意想不到的效果；若留空位，必得零分。

①主体定位法

主体定位法就是根据不同行为主体列出不同措施，主要适用于设问中有提示主体是谁（如党、国家、政府、公民、企业、消费者等）应该怎么办的试题的解答。

（2015·新课标卷Ⅰ，38 题，26 分）阅读材料，完成下列要求。

财政对社会经济发展具有巨大作用，财政预算的编制和管理受到社会各界的关注。

材料一　2014 年重新修订的《中华人民共和国预算法》规定，“经人民代表大会批准的预算，非经法定程序，不得调整，各级政府、各部门、各单位的支出必须以经批准的预算为依据，未列入预算的不得支出”。

为贯彻落实依法治国精神，按照新修订的预算法，国务院出台了《关于深化预算管理制度改革的决定》，财政部发布了《关于进一步加强财政支出预算执行管理的通知》，地方各级政府为预算法的落实进行了积极探索。

结合材料一和所学政治知识，说明政府应该如何强化预算管理。（12 分）

【答案】

①严格执行人大批准通过的预算。

②完善预算管理制度体系。

③按照预算法的要求编制预算和执行预算。

④运用检查、审计等行政手段强化预算监管。

⑤公开预算，增加财政收支的透明度，接受权力机关监督和社会监督。

（每层次 4 分）

②客体定位法

客体定位法就是从客体角度思考问题，依据特定对象归纳应采取的措施，主要适用于行为主体比较单一的设问题目的解答。

（2015·新课标卷Ⅰ，39 题，26 分）阅读材料，完成下列要求。

培育和弘扬社会主义核心价值观必须立足中华民族优秀传统文化。我们要保护和传承优秀传统文化，让居民望得见山，看得见水，记得住乡愁。

纪录片《记住乡愁》于 2015 年元旦在央视首播。该片选取 100 多个传统村落，围绕中华美德的千百年传承，一集一村落，一村一传奇。采取纪实手法讲述一个个生动感人的故事：有坚守精忠报国、宁死不屈民族气节的，有传承诚信为本、诚实待人村风的，有秉持积善成德、助人为乐精神的，有倡导邻里和睦、守望相助的，有崇尚尊重生命、敬畏自然的……

《记住乡愁》的播出引发社会强烈反响。古建筑学者将其誉为中国传统文化的“立体的教科书，现成的博物馆”，历史学者认为《记住乡愁》呈现了一幅生动的乡村历史画卷，民俗学者从节目中看到了一个个非物质文化遗产的“活化石”，社会学者强调汲取传统乡村社会治理的智慧和经验……

培育和践行社会主义核心价值观需要记住乡愁，传承中华民族传统美德，运用文化生活知识对此加以说明。（12 分）

【答案】

（1）社会主义核心价值观与中华优秀传统文化相承接，中华传统美德是传统文化的精华，是涵养社会主义核心价值观的重要源泉。

（2）乡愁反映了人们对中华传统文化的眷恋之情，体现了当代人对中华传统美德的愿望和期盼。

（3）记住乡愁，传承中华传统美德，为培育和践行社会主义核心价值观提供了重要载体和丰富的历史文化养料。

★评析类：正误混杂、条件不充分型找准“辨点”，选择立场型找全理论依据

1. 题型特点

评析类非选择题难度大、要求高、区分度强，是最能充分考查学生辩证思维的一种题型，也是近年来各地高考常见的一种试题。它常以事件为背景，要求学生就背景材料中的现象、事件或观点谈谈自己的看法、认识，或者要求学生对事件中涉及的各种行为或观点进行评析。

2. 试题类型及提分技巧

前两种辨析题型找准“辨点”是关键。所谓“辨点”，是指题目中要求论证、说明的知识点。找准所运用的理论进行分析。选择立场型关键选择立场后，找全理论依据。

1）正误混杂型

①特点

正确的观点和错误的观点同时出现在题目中，要求学生具体地指明哪是正确的、哪是错误的，并说明其理由。

②思路

肯定合理性，简明阐述原因；否定不合理之处，指出原因或是具体措施。

近年来，我国劳动力成本上升较快，中国制造业向海外转移的警钟不断敲响。2012 年 7 月，体育用品制造商阿迪达斯表示要关闭在华仅有的一家直属工厂，福特汽车公司则要将 1.2 万个工作岗位从墨西哥和中国迁回美国。然而同年，中国欧盟商会对在华 500 家欧盟企业进行了相关调查，结果仅有 20% 的受访企业考虑回到欧盟或者转移至东南亚国家。

运用经济生活知识，对材料中“我国劳动力成本上升会造成我国制造业大量向海外转移”的观点进行评析。

【解析】

（1）劳动力是生产过程的主体，在生产力发展中起主导作用。劳动力成本上升会使得一部分企业撤离中国。（肯定合理之处）

（2）“大量”产业链的完整性、产业生态的大环境，特别是中国庞大的市场使得很多企业还是会选择继续留在中国。（否定不合理之处）

2）条件不充分型

①特点

要求学生简要说明题目给出的条件，并将不足的条件补全。

②思路

肯定合理之处，补充不足之处。

有同学认为：领会了林则徐的爱国情怀，也就领会了中华民族精神：运用“中华民族精神”的知识评析该同学观点。

【解析】

（1）肯定爱国主义是民族精神的核心，贯穿于民族精神的始终。（肯定合理之处）

（2）中华民族精神还包括“团、爱、勤、自”四方面内容。（补充不足之处）

（3）中华民族精神具有时代性，随着时代的变化而发展。（补充不足之处）

3）选择立场型

①特点

该题型不在于选正方还是反方，只要支撑的理论依据正确就行。

②思路

必须做出选择，不可全面看问题。

支持叫停“洋地名”的人认为：这是跟风、崇洋，缺乏对本土文化的汲取和借鉴。很多洋地名只是暂时性的养眼，没有太多的内涵和深远传播意义。“洋地名”不能从根本上提升城市的档次、品位。这一定程度上也反映的是文化上的不自信……

反对叫停“洋地名”的人认为：在对外开放条件下，使用“洋地名”可以理解，外国也有唐人街、中国城，不应简单地一律拒斥。对于一些当地城市，全国有纪念意义的外国人名字需要留一个柔情出口，比如南丁格尔、白求恩这样的名字，完全可以用到合适的地方，如医院旁边。有的城市或街道居住、生活、工作的外国人达到了一定比例，在部分路段、部分建筑适量地使用一些“洋地名”，可以体现城市包容度。是取本土文化底蕴的“土”名，还是取舶来的“洋”名，应尊重历史由来、现实发展、人们习惯，并征求市民意见。“土”名改好也洋气，“洋”名改不好也土气。国味浓点，洋味淡点，把握尺度最宜，不应“一刀切”……

你是赞成还是反对叫停“洋地名”？请用文化生活有关知识阐明理由。

【答案】

赞成，原因：

①民族文化是民族生存与发展的精神根基。尊重文化的多样性，首先要尊重自己的民族文化，培育好、发展好本民族文化。

②文化创新要以我为主，为我所用，要坚持正确的方向，反对一味推崇外来文化的“民族虚无主义”错误倾向。

③有利于增强文化自觉和文化自信。

或是反对，原因：

①文化具有多样性，尊重文化多样性有利于发展本民族文化和世界文化。

②文化在交流中传播。

③社会实践是检验文化创新的唯一标准。在实践中产生的“洋地名”能否具有生命力，应该接受各地群众实践的检验。

④人民群众是文化创造的主体，文化创造要符合人民群众的基本需求。

⑤中华文化具有包容性特点。有利于不同民族间文化的交流和相互理解。

（答出其中任意三点即可得满分，其他合理答案也可酌情给分）

★探究、开放类：根据设问的不同类型组织答案

1. 题型特点

该类试题是历年高考中的重要题型，一般以生活案例为背景，围绕一定核心内容，引导学生对问题进行深刻思考，考查学生调动和运用知识、论证探究问题的能力。

2. 设问特点

多以组合型为主，考查知识面广，设问中经常有对上述做法的看法、提出建议、如何参与等带有主题指向、行为指向的设问词出现。

3. 答案特点

（1）有很强的开放性

答案一般不唯一，很容易得分，但不容易得满分。

（2）具有很强的现实意义

答题时不需要空洞的语言，提出建议、设计方案、评析观点等要求具体可行。

4. 提分技巧

根据设问的不同类型组织答案。

（1）观点评析类设问

作答时要注意针对他人观点认真分析，找准其错误点，针对性地提出自己的见解。

（2）提出建议措施类设问

作答时注意行为主体（如党、政府、社会、生产经营者、消费者，不同的主体有不同的要求），同时注意思维的拓展性，不可太狭隘。

（3）设计活动方案类设问

①作答时注意把握好主题

②尽量联系所学知识，不可脱离所学理论

③所制定的方案要具有可操作性

（2014·江苏卷）2013年8月，由工业和信息化部、公安部、国务院法制办等部门组成的“互联网金融发展与研究小组”成立，并赴上海、杭州等地对互联网金融业进行实地调研，广泛听取各方面的建议与诉求，未来可能在国家明确互联网金融组织和业务法律地位、监管体制等问题上提供决策建议。

综合运用经济、政治生活知识，以“促进互联网金融健康有序发展”为主题写一篇时事评论。（12分）

【答案】

互联网金融作为一种金融创新，拓宽了公众投资渠道，有助于增加公众财产性收入；冲击了金融市场既有利益格局，推动我国金融市场改革，促进金融资源合理配置。（4分）

互联网金融创新具有一定的自发性，且目前监管滞后，其逐利动机会催生投机行为，导致金融风险，这将会破坏金融秩序，影响经济发展。因此需要在鼓励金融创新的同时，加强立法和监管，防范金融风险，建立公平、公正的市场秩序。（4分）

金融监管的决策，既要充分听取专家的建议，又要广泛听取企业和公众的意见，使立法既合乎市场经济规律，又合乎民意。政府各职能部门要明确在金融市场监管中的职责，坚持依法行政，确保金融市场健康有序发展。（4分）

5．解答主观题三个步骤

<table>
<tr><td colspan="2" rowspan="2">设问三点</td><td>知识范围</td><td>切入角度</td><td>事件限定</td></tr>
<tr><td>经济政治</td><td>评论</td><td>促进互联网金融健康有序发展</td></tr>
<tr><td>双向
筛选</td><td>教材
知识</td><td>A 投融资
B 市场经济
C 政府</td><td>①互联网金融
②调研
③听取建议与诉求
④法律、监管</td><td>材料信息</td></tr>
<tr><td colspan="2">组织答案</td><td>序号化
段落化
条理化</td><td>A——①
B——①②
C——②③④</td><td>开门见山
有理有据
理在据先</td></tr>
</table>

第三部分

考前冲刺提分技巧

代忖，政治中心教研室主任

★树立正确高考解题观念：阅读理解能力、思维能力和表达能力是高分保证

高考是为国家选拔人才，因此高考政治试题必须体现国家意志，服从于国家人才战略的需要。

1. 要正确认识高考政治试题命题特点

①突出基础性

注重学科基础知识和基本能力的考查；

②实践性

关注我国现代化建设的热点、焦点问题，考查学生的实践能力；

③能力性

试题强调运用学科思想方法分析、解决实际问题，考查考生将人文社会、科学理论运用于实践的能力和学科的素养；在能力立意的基础上，逐步走向素养立意。

基于这些认识，考生要在平时的学习过程中不断提高自己的学科素养。

2．要对高考政治试题难度有正确的认识

从对考生要求的角度看，试题的难度包含两层意思：试题本身的难度和答题的时间效率。当前的高考，竞争主要来自如何在有限的时间里获得最多的分数，也就是时间的合理安排。通过分析考生单位时间的得分有效性来区别其水平的高低。

近几年文综政治难度保持平稳，难度主要体现在：

①在选取的材料上

加大阅读量，提高阅读难度，如给出一个背景，要求考生对涉及的相关知识进行综合分析，有时需要加上逻辑推理，挖掘隐性条件等。材料的内容很新，具有很强的时代气息，反映社会生活中许多新的事物和热点。

②在问题的深度上

考生对题目的设问解读不完整，都会影响得分。

③在答题的要求上

比如对考生思维能力的高标准要求，对学生规范使用学科语言的要求，组织答案的要求以及准确表达自我的要求等方面。

3．对未来高考命题趋势的把握

未来的高考将减少阅读文字量，减少对知识记忆性的考查，加大思维含量。选择题追求多角度了解、快速求解，将缩短试卷长度、加强主观题的作用，给考生留下更多的思考时间。进一步考查考生思维是否周密严谨，考虑问题是否有一定的深度，主观题的表达是否准确简洁等。对此给考生的建议是：考生答题时要：看的时间短，写的时间短，想的时间长。

4．从解题效果的角度分析三类不同考生

第一类，在平时训练中能够得高分，但在高考中没能得高分。主要的原因有很多，比如平时训练试卷的命题思路和正式高考的命题思路有差异。

对策：这部分考生的解题效率有问题，时间安排不合理，前松后紧或者前紧后松；部分考生心理调控能力较差，遇到难题心里发慌，自信心不足等。

第二类，平时不是很突出，高考中成绩却非常理想。

对策：除了一些偶然因素外，这些考生良好的思维品质、宽广的知识面都是重要原因。

第三类，正常发挥，高考成绩跟自己的平时成绩相关度较高。

对策：这部分考生对高考的备考把握比较到位成功，也是我们众多考生应该追求的。

5．打好解题的基础

（1）重视教材基本概念和基本理论

（2）认真审题

理解题目条件和要求，回忆和再现有关知识，在知识和题目的要求之间建立知识结构、表达解题过程、呈现题目答案。处理好“会做”与“得分”的关系，关键要将解题策略转化为得分点，主要靠准确完整的学科语言表述，避免出现会而不对、对而不全的情况。要重视好细节，做实细节，把会的转化为分数。

（3）处理好“快”与“准”的关系

高考答题需要快，但更需要准。只有“准”才能保证得分，不能一味求快而错一片，得不偿失。

（4）培养必备的考试能力

概括起来可以包括阅读理解能力、思维能力和表达能力。

①阅读理解能力更强调在审题方面的应用，帮助考生迅速理解题目、快速求解，形成突破；

②思维能力更强调对题目的深层理解，把握本质的理解能力，运用正确的逻辑推理能力进行分析，这一能力能帮助考生多得分；

③表达能力既是考生文字能力的体现，更是学科意识、治学态度的集中体现，要求考生在原有基本的文字表达能力的基础上，能科学地运用政治学科语言进行规范的表达。

高考的竞争实际上是同等水平考生间的竞争，真正拉开差距首先就是把那些该得的分数都拿到，然后才是解决难题。而做到这一点，对自己的思维过程进行科学的表达变得至关重要，这也是考生较为薄弱的一环。在备考复习中，特别是考前突击解决好这个问题意义重大。

★进行科学高效解题训练：基础训练稳扎稳打，提能训练拓展思维，全真训练分分必争

科学又高效的解题训练是提升分数的必由之路，不同类型的训练能够提升考生不同的得分技巧和解题能力。在训练方面，应该抓好以下三个阶段。

1．基础训练，稳扎稳打

基础知识是提升分数应该具备的最基本条件，因此训练一定要保证在基础知识方面减少不必要的失分。

首先，要注意训练题目的难度，不要盲目地去做难题。

尤其对于基础比较薄弱的考生，往往不是在难题上失分，而是在一些基础题上没有保证得分，才和其他学生拉开了差距，对于一些偏科的学生和发挥失常的学生也是如此。正是由于基础的不牢固，才会出现马虎、审不清题等问题出现。因此，合理的基础训练不是一定要找难题练习，而是在基础训练中做到稳扎稳打。

其次，要有合理的训练计划，循序渐进，不要急于求成。

考生可以按照章节顺序进行阶段性的练习，按照四本必修的顺序或者挑选自己的薄弱板块进行集中训练，保证每一个阶段每一个章节都具备扎实的基础知识功底。

最后，要在训练中不断积累。

一旦发现自己的知识盲点或不熟练的考点，一定要及时进行填补，在不断的筛选中，查找一个个的知识漏洞，提升知识的熟练程度，提高自己在基础题目中的得分能力，保证基础不失分，避免知识上的低级失误，这才是备考的重中之重。

2．提能训练，拓展思维

在扎实的基础训练后，有了完备的基础知识，应该进行有效的提能训练，

在做题能力上要有所提高。思想政治学科在高考中重点考查四种能力，即获取和解读信息的能力、调动和运用知识的能力、描述和阐释事物的能力以及论证和探究问题的能力，特别要提醒的是，在高考考试大纲修订之后，对这四种能力的考查有了更明确、更具体和更高的要求，因此，能力方面的训练，一定要科学、精准。一方面，应该进行有关能力专题的训练。按照四种能力的考查要求，分步骤、分题型进行集中的习题训练，获取和解读信息重点练出审题能力，调动和运用知识重点练出对接能力，描述和阐释事物重点练出表达能力，论证和探究问题重点练出思辨能力，要在四种能力上多总结反思，并能够从高考题中去体会这几种能力的考查特点；另一方面，在其他测试中要有意识地培养自己其他方面的能力和素养，比如阅读的能力、集中注意力审题的能力、提取关键信息的能力、术语表达能力、书写的能力等，高考不仅仅是考查考纲中要求的能力，更是对考生综合素养的考查，所以一定要练在平时，反思在平时，总结在平时，才会一步步提升分数。

3. 全真训练，分分必争

在考前冲刺阶段的练习基本上都是全真模拟练习，无论是在题型上还是在题量上都接近于高考，12 道选择题和 2 道主观题，在高考之前，至少要有一个月的时间安排适量的全真训练，所以这部分的练习应该是完全考试化的训练。只有平时练习做到考试化，才能保证在平时练出考试的能力，否则到了考场上再发现问题已经来不及了，学生往往在考试的过程中暴露问题，而忽视了对平时训练中应该注意的事项，导致一到考试就漏洞百出，因此，训练考试化是提高分数很重要的一点。

首先，全真训练的时间要固定。

按照高考的题量在 50 分钟左右完成是比较合理的时间，考生在练习中一定要保证限时训练，检验自己在选择题和主观题上哪部分不能在规定时间内完成，查找在做题中的时间分配问题，再通过针对训练保证高质量地完成考题。

其次，全真训练要保证思维的速度和精准度，也就是审题要又快又准。

这就需要考生在训练中集中注意力，保证审题的规范性，按照审题步骤，查找题目关键词，列出答题提纲，如果没有详细的审题过程，匆匆写上答案，往往得分率不高，所以在练习中要注意坚持慢审快答的原则，一定审清题再下笔。

最后，全真训练要保证书写得规范。

良好的卷面会给阅卷人留下较好的印象，提升得分的概率，因此在答案书写中要做到：层次分明，要点序号化；表述准确，语言学科化；逻辑严密，表述简洁化；字迹工整，卷面美观化。经过一定时间彻底的全真训练，考生在得分能力和技巧上就会有较大的突破。

★形成高超解题答题技巧：认真审题是前提，规范作答是关键，应考心态是保障

1．考前

每位考生都应该知道考前最需要做的就是回归课本的基础知识。但是具体怎么操作考生之间的差距就拉开了。每次复习中不必要面面俱到，有些知识非常熟悉没有必要反复复习，考生应该选择自己在做题中遇到的知识盲点和主干知识重点复习。对于经常出错的知识，可以把出错的习题放在一起比较，总结规律性的认识，做到掌握这个考点的所有考查方式。特别提醒，在考前不要大量地刷题，但为了让自己迅速进入考试状态，是可以做两到三套难度适中的选择题，保持做题的手感。

2．考中

（1）认真审题是前提

把题目答对的前提是正确审题，这对无论是选择题还是主观题都至关重要。在审题中一定要养成良好的习惯，有这么几个方面的小技巧。

首先，一定要有勾画材料的习惯。

选择题的勾画有利于帮助我们抓住材料的主要意图，主观题的勾画有利于帮助我们理清思路，找到与课本知识结合的突破点。在审读中注意抓关键词的指向，例如题目中经常出现的“这启示我们”中的“这”指代的是什么，解读清楚非常关键。另外，要注意题目中的标点符号，例如，材料中出现连续的分号，表示并列的意思，在选择题中，我们可以只研究其中一方面的意思就可以把握整个句子的意思；如果是主观题，一般一个分号表示一个中心

意思，所以有几个分号一般可以认为就有几条答案。再者要关注材料中的关联词语，尤其是转折性的、总结性的，都对我们把握材料核心主旨有提示的价值。例如，我们在材料中看到“但是”，一般来说，“但是”后边才是出题者强调的重点。

其次，可以先看设问，再看材料。

这样可以节省大量的时间，而且提高了做题的针对性。在选择题中，很多选项都可以通过排除法解决，直接看选项和设问，排除掉本身表述错误和不符合审问的选项，然后阅读材料，找到材料要讲的中心意思，排除干扰项。在主观题中，带着设问分析材料，针对性更强，更容易把无效的信息过滤掉，抓住材料的中心意思。

最后，特别需要说明的一点，读题一定要全面。

例如，信息题中的小注、曲线中的标注、材料题中最前面的概括……总之，只要出现在材料中的信息，一般来说都有相应的价值。

（2）规范作答是关键

在知识水平相近的情况下，考生之间拉开差距的最主要的因素就是作答规范。

首先，要详细掌握各类题型的作答方法。

掌握做题的套路，基本分就可以拿到。例如，认识类主观题应该按照是什么、为什么、如何做的思路作答，评析类主观题应该按照观点判断、正确的说明理由、错误的说明理由并说明如何做的思路。

其次，在表述中要术语准确完整、逻辑正确、层次清楚、字迹清晰、表述简练，有理论的总结和材料的分析。

在具体的流程中，做完选择题立即涂卡，并进行仔细核查、核查无误后，再做主观题。做主观题之前一定要再次核实一下，避免写错位置，浪费时间。保持试卷整洁，不要乱涂乱画。

（3）应考心态是保障

中科院心理所专家对全国 200 名高考状元进行四年的跟踪研究发现，在

20 个影响高考成功的因素当中，占第一位的因素是考生考试中的心理状态，占第二位的是考生考前的心理状态，占第三位的是学习方法和能力，占第四位的是学习基础。

考生们切忌把应考心态神秘化。最佳的应考心态其实就是专注于手中的题目，心无旁骛。但在具体的操作中，我认为还应该注意做到科学地分配时间，保证题目能够做完，能省时间的尽量省时间，但是该用时间的时候也不能慌慌张张、草草了事。例如，主观题的审题就一定要舍得花时间。除此之外，要有正确的态度对待题目的难易程度，人难我难，人易我易，不管是难题还是简单题都以最大限度得分为最终目的。除此之外，还要有处理考场突发状况的能力，例如水杯打湿了答题纸、答错位置、身体不适，都能够积极妥善地处理，冷静面对，及时寻求监考老师的帮助。

3. 考后

考试价值的最大发挥应该是在考后。考试结束后，如果还有其他科目的考试，要走出考场休息片刻，保持自己大脑的活跃，也可以浏览一下下一学科的基础知识，要避免对答案以及讨论其他与上一科考试相关的问题。

考试结束后，核对答案，发现思维的误区（如果是平时考试要找到听课的重点，然后在后面的习题讲评课上重点听教师是怎么解决这一问题的），对自己进行估分，然后在成绩出来之后与最终得分比较，反思失分的原因，反思知识上、学习方法上、思维习惯上的问题，找出相应的解决办法，这才是考试的最大价值。

★提升全面应对考试素质：身体素质要健康，心理状态要良好

高考成功是学生多方面综合素质共同作用的结果，学生需要在平时注重积累，注意保持身体的健康和心态的平稳，可以以最佳的状态面对高考，这样即使达不到超常发挥的程度，也可以保证发挥正常水平，使最后的结果圆满，问心无愧。

首先，要有健康的身体素质。

身体素质一定是最重要的。健康的身体，充沛的精力一定是高三一年坚持下来的最先决条件。高三的内容基本上是之前知识的总结、复习与提升，课后也有大量的练习，只有保证健康的身体，我们才能应对高速度、高难度、高强度的备考过程。

第一，科学的作息时间。

按照作息时间表，中午1小时的午休时间非常有必要，可能很多同学说，我以前也没有午睡的习惯，或者时间那么紧张，每天各科目的作业那么多，我利用中午的时间多做一张卷子，多背一篇课文不是更好吗？午休并不是要求我们一定要进入深度睡眠的状态，而是养精蓄锐，为整个下午和晚上的学习做好精力上的准备。如果中午休息时你一个人看书或者做题，翻书的哗哗声或者纸上写字的沙沙声，对同寝室的同学来说，都属于噪声，都会影响他们的正常休息，这件事慢慢地也会对寝室间的关系产生不好的影响。对个人来说，即使中午睡不着觉，但是通过闭目养神，既可以恢复上午学习所耗费的精力，使大脑得到放松，保证下午学习时思路的敏捷与清晰，也可以使我们的眼睛得到很好的休息，不过度用眼，以避免近视程度进一步加深。所以说，不管是从遵守学校相关规定，还是从自身的学习的方面来说，午休是高三备考的重要环节。

第二，良好的饮食习惯。

多喝水，尽量减少饮料的摄入，多吃新鲜的蔬菜水果，尽量保证每天都有鸡蛋和牛奶的摄入。衡中的食堂不论是口味还是卫生状况，与全省的其他中学相比一定是数一数二的。坚果，如核桃之类的每天都应适当食用。天气暖和的时候，可以适当喝一些酸奶。尤其是女同学尽量减少使用生冷食物。高考固然重要，但真正要陪你一生的是你自己的身体。所以，不管从长远角度看，还是为了更好地备战高考，我们都应该爱护自己的身体。作为老师，带了这么多年毕业班，也见到了好多考生临近高考生病的情况，不论病情是否严重，必然影响考生的心情与状态，在考试时很难发挥出正常水平，甚至会发挥失常，名落孙山。

第三，适度的跑步锻炼。

坚持跑操。高三的时候基本已经没有体育课了，除了跑操，每天的行走范围只是教室、宿舍、食堂，仅仅几步路的距离。跑操成为唯一的锻炼途径。每天坐在座位上学习，运动量基本为零，这样不仅会导致学习效率低下，也会引发一系列的疾病，免疫力下降，极容易感冒发烧，再加上不喝水更容易导致便秘，新陈代谢缓慢，毒素在身体里面堆积，尤其是女生很容易长痘痘，会极大地影响心情和自信心。所以说，尽量参与每天的跑操，既可以呼吸到新鲜空气，又可以适度放松下心情，以收到两全其美之效。

其次，良好的心理状态。

考试的正常发挥，很大程度上在于我们的心态。要想拥有良好的心理状态，要做好以下两方面。

第一，正视考试。

与其说去应付考试，不如说去迎接考试；与其说是检测自己，不如说是提高自己。同学们要正视考试的作用，通过考试，每一位同学都可以找到自己在学习中存在的不足，离老师的要求还有哪些差距，自己的学习方法是否得当等，以便在今后的学习中做适当的调整。因此，一定要以正确平静的心态对待每一次考试，不要对考试有任何的恐惧心理。不要把考试时必要的紧张看成是怯场。考试时有点紧张，对调动人体的潜力、集中注意力、提高思维的效率是有一定好处的。平常说“急中生智”就是这个道理。这种紧张只要没有影响到自己的回忆和思考，就不能叫怯场。

同学们应该将每一次的周测、月考都作为锻炼自己的机会。老师总强调大家一定要认真对待这些训练的机会，就是希望大家能够将高考月考化，将月考周测化。这样在真正面临高考的时候，内心可以更加平静坦然地面对，因为早已习以为常地将其融入每一次考试中。

第二，化解压力。

高考考场上，没有人不紧张，做到胆大细心，就能赢得高考。适当的压力，会使人更谨慎、更认真，更有可能取得优异的成绩。心态的训练源于平时的积累，消除压力是不现实的，找准方法，化压力为动力，才是应试中的最佳状态。

在平时的学习中，压力是无处不在的，既然无法避免，就应该正视压力。可能影响心态的不只是成绩，有时候无法自我排解，那么，就一定要学会倾诉。高三最好的倾诉对象一定是最熟悉你的老师，他们教学多年，与形形色色的学生打过交道，可以很迅速地判断你遇到的问题是哪一类的，直接告诉你解决的方法。有的时候不需要几小时的谈心，可能某次班会上某一句话就会直戳心房，令你豁然开朗、柳暗花明。如果不愿和老师直面沟通，也可以准备一个日记本，在上面写写画画，排解一下心中的压抑和苦闷，当然前提是不能耽误正常的学习生活。

越是临近高考，越容易变得焦虑紧张急躁，而这种情绪是有很高的传染性，要尽量保持相对平和的心态，急躁解决不了任何问题，反而会使复习事倍功半。“静水流深”是陪伴每位高三人一路走来的箴言。

高考不是人生的唯一通道，却是最公平、最捷径的方法来实现人生的梦想。莘莘学子十年寒窗苦读，为的就是有朝一日金榜题名。对高考，每位学子应该重视它、面对它、攻克它、战胜它。愿每个心怀梦想的人可以静待美梦成真。

历　史

第一部分
强化基础知识，做到心中有料

张丽琴，历史学科主任，一级教师，任教 13 年
李桂兰，历史研课主任，一级教师，任教 13 年
王剑，高二年级教学主任，一级教师，任教 10 年

2017 年历史高考大纲中明确指出：历史学科考查对基本历史知识的掌握程度。由此可见，高考无论怎样求变出新，基础知识都将是做题的根本，在历史后期备考复习中应该从历史概念的掌握、阶段特征的分析、历史知识的对比三大方面对基础知识进行重点把握。只有这样，才能在高考中做到游刃有余。

★历史概念类试题提分技巧：破题用三步曲（是什么、为什么、怎么样）

1．内涵

历史概念是指对历史事物从现象到本质的认识和概括。

2．主要类型

一是史实概念，包括历史人物、历史文献、典章制度等，如分封制、《权利法案》。

二是史论概念，有经济学概念、政治学概念、哲学概念等，如自由主义、领事裁判权。

3. 备考中历史概念的掌握

掌握历史概念首先应该弄清概念的内涵外延。比如，“冷战”这个概念应掌握以下几方面的基本要素：“冷战”的背景、含义、具体表现、影响、教训及各个不同时期的学者对冷战的认识，然后，要从一个长时段上看历史概念，如冷战作为一种美苏对峙的方式已经结束了，但是，“冷战”思维依然存在。总之，把握一个历史概念，要分析该概念涉及的各个要素，并能用发展的联系的眼光认识，这样才能真正把握一个概念的实质。

4. 历史概念类试题的提分技巧

做历史概念类的习题，需有效突破历史概念，细读、精读找出题干的关键词即核心概念，然后找出历史概念的核心限定项，用三步曲（是什么、为什么、怎么样）化繁为简，便可提高正确率。当然，选择题的类型有多种，解答方法也多样，但万变不离其宗，抓基础、找联系，树立正确的史学观，在历史复习过程中加强历史概念的掌握，必能取得好成绩。

（2016·全国卷Ⅱ，29题）1930年，鄂豫皖革命根据地英山县水稻单位面积产量增加二三成，有的甚至达到五成，出现“赤色区米价一元一斗，白色区一元只能买四五升”的情况。这主要是因为根据地（ A ）

A. 农民生产的积极性高涨

B. 红军英勇奋战保卫农民生产

C. 政府主要精力用于增产

D. 人民打破国民党的经济封锁

【解析】

本题考查土地革命的概念。

土地革命是在国共十年对峙时期，为调动农民参加红军的积极性而实行的土地政策，内容为打土豪、分田地、废除封建剥削和债务。土地革命使广大贫雇农政治上翻了身，经济上分到了土地，生活上有了保障。为保卫胜利果实，他们积极作战，努力发展生产。

据概念可知，时间为国共十年对峙时期，关键信息是革命根据地单位面积产量增加，根据概念可知这一时期根据地生产的发展是因为土地革命调动了农民的积极性。因此答案为 A。

★阶段特征类试题提分技巧：以一个理论为出发点，串联此时期的主要大事

1．内涵

所谓历史阶段特征通常是指一个历史阶段明显不同于其他历史阶段的特殊之处，是对具有阶段性长时段的历史事实的概括和总结，一般从政治、经济、对外关系、思想文化等各领域的表现去归纳概括。

2．高考题中阶段特征的考查

把握历史的阶段特征，不仅是历史复习知识梳理的需要，更是适应新课标高考的需要，对历史阶段特征的考查历来是高考命题的重点。以 2016 年高考为例。

全国卷Ⅰ阶段特征考查

题号	内容	分值
29	1840—1900 年清政府统治下的政治、经济、外交	4
31	20 世纪 60 年代中国的对外关系	4
33	18 世纪初英国君主立宪的发展情况	4
40（1）	根据材料一并结合所学知识，说明清中期人口膨胀的原因及其影响	12
47	冷战时期特别是六七十年代的国际关系	15
总分		39

全国卷Ⅱ阶段特征考查

题号	内容	分值
24	东汉末的文化	4
26	宋代经济	4
29	国共十年对峙时期农村革命根据地的发展	4
31	20 世纪 50—70 年代社会主义建设道路的探索	4
33	工业革命——第一次工业革命（英国环境污染导致人口死亡率提高）	4
34	经济危机时期苏联的经济建设成就	4
40（2）	根据材料一、二并结合所学知识，指出 16 世纪以来中国海外移民的特点及形成的主要原因，并说明华侨华人在中国近代史上的贡献	17
总分		41

全国卷Ⅲ阶段特征的考查

题号	内容	分值
27	明朝农村经济领域的变化	4
28	甲午战后的探索	4
30	国民政府统治前期的经济、政治	4
31	改革开放后经济的发展	4
35	第二次世界大战后处在两极格局下的法国	4
41	清末开埠通商	12
46	根据材料并结合所学知识，评价在不同历史时期严复的“民智”主张	10
总分		42

3. 阶段特征掌握和提分技巧

（1）后期复习过程中阶段特征的掌握策略

首先，明确这一历史阶段的准确时间范围，并熟练掌握主干知识。

其次，按时序尝试回忆这个时间范围内在政治、经济、思想文化、对外等方面的大事，通过阶段大事梳理，大致理清历史的基本脉络。

最后，要特别注意的是把握阶段特征时不仅仅要注意横向领域的分类，还要抓住某一阶段特征形成的主要推动因素，这就应用到“经济基础决定上层建筑”的理论。

以资本主义工场手工业时期为例：经济上这一时期西方社会开始向近代社会迈进，处于资本主义工场手工业时期，近代资本主义萌芽发展推动了反封建思想的产生和新航路的开辟，伴随新航路的开辟，欧洲列强开始了早期的殖民扩张。新航路的开辟与早期的殖民扩张为资本主义的发展积累了原始资本，促进了资本主义生产关系的进一步发展。资本主义的发展受封建势力与殖民侵略的阻碍，于是在进一步发展的反封建思想的指导下，政治上出现了英、法、美反对封建势力或殖民侵略的早期资产阶级革命。这样一来，我们就以一个理论为出发点，将这一时期的主要大事串联起来，也就抓住了工场手工业时期西方历史的核心。

（2）阶段特征类试题的提分技巧

此类试题无论是选择题还是非选择题，首先要确定好时间范围。然后，调动已有的这一时期在政治、经济、思想文化、对外等方面的知识对应分析。选择题可以将不属于这一时期的或者与这时期史实不相符的排除；非选择题只要能解释题干问题的都可以写上，注意分清角度，做到点多、面广。做到这些，这类型的题很容易就突破了。

（2016·全国卷Ⅰ，29题）甲午中日战争爆发前夕，有些西方人士认为中国拥有一定的军备优势，“毫无疑问的是日本必然最后被彻底粉碎”。他们做出上述判断的主要依据应是，中国（C）

A. 已完成对军队的西式改革

B. 集权制度有利于作战指挥

C. 近代化努力收到较大成效

D. 能获得更广泛的外部援助

【解析】

此题考查甲午战争前中国的在政治、经济、外交上的情况。

A 项，经济上，甲午战争前，自然经济逐步解体，中国民族工业产生发展表现为洋务运动的进行和民族资本主义经济的产生发展。在洋务运动中，只是对军队进行初步的西式改革，并没有全部完成，错误。

B 项，此时，中国在政治上，清政府统治腐朽，集权统治并未带来战争的胜利，如两次鸦片战争均失败；同时，因为农民起义，清政府的集权统治受到冲击，错误。

C 项，甲午中日战争前的洋务运动中，兴办军事工业，筹划海防，建立了三支近代海军，推动军事近代化的努力收到较大成效，属于军备优势，正确。

D 项，对外方面，甲午中日战争前列强对日本侵略中国是默认和支持，中国并没有获得广泛的外部援助，错误。

（2016·全国卷Ⅰ，40 题）材料一，清朝康、雍、乾长达一个多世纪中，社会总体稳定，清政府取消了人头税，根据耕地面积确定税额，减轻了下层百姓负担。农业上普遍采用了轮作、复种、多熟等农作制。玉米、甘薯等耐寒、耐旱、高产作物不断推广，人们将林木覆盖的山地和草原广为开垦。人口从清初的 1.8 亿增加到鸦片战争前夕的 4 亿之众，引起了一系列变化：一些地区“游手好闲者更数十倍于前”“田地贵少，寸土为金”；水土流失和草原沙化现象凸显；农业人均收益递减，各地民变此起彼伏。

——摘编自李龙潜《明清经济史》

根据材料一并结合所学知识，说明清中期人口膨胀的原因及其影响。（12分）

【解析】

此题时间范围为清朝中期，因此做题时要去思考这一时期政治、经济、思想文化上哪些因素和人口增长有关系，将这些角度的主干知识列出来，并对应材料逐句进行分析即可得出答案。

【答案】

（1）原因

统一与稳定，耕地面积增加，精耕细作，高产作物的推广，税收制度的变革。

（2）影响

①人地关系紧张，土地过度开发，环境破坏。

②贫困化，社会矛盾加剧。

★比较类试题提分技巧：特殊史实比较，阶段史实比较，主题史实比较

1. 比较类试题

比较方法是指将有一定关联的历史现象和概念进行比较对照、判断异同、分析缘由，从而把握历史发展进程的共同规律和特殊规律、认识历史现象的性质和特点的一种方法。比较法的运用已成为新高考试题命制不可缺少的工具和考查考生历史学科能力的重要手段。以下为2016年全国卷三套高考试题。

全国卷Ⅰ比较类试题

题号	内容	分值
24	孔子思想和汉代儒学的比较	4
27	明初和明中叶地方行政体制比较	4
28	19世纪中叶前后中国市场上的洋货变化	4
29	国民党在1943年8月前后国内政策的变化	4
31	中国在60年代中期与50年代后期对外政策的变化	4
32	罗马法与近代西方国家法律制度的比较	4
33	18世纪前后英国君主立宪制的变化	4
40（1）	根据材料二并结合所学知识，概括近代学者缓解人口压力的主张，并加以简要评价	13
总分		41

全国卷Ⅱ比较类试题

题号	内容	分值
24	三国前汉字字体的演变	4
25	科举制与察举制、九品中正制的比较	4
27	乾隆年间福建各地族谱的变化	4
28	19 世纪中叶前后中国市场上的洋货变化	4
29	1930 年革命根据地与国统区的农村状况对比	4
33	19 世纪上半叶与 18 世纪比较英国人口死亡率上升的原因	4
34	20 世纪 30 年代初的美国和苏联经济状况的对比	4
40（1）	根据材料一并结合所学知识，概括近代以来全球国际人口迁移的基本趋势	8
40（2）	根据材料一、二并结合所学知识，指出 16 世纪以来中国海外移民的特点及形成的主要原因	10
45（1）	根据材料并结合所学知识，指出与八旗军相比，新军具有哪些特点	9
47（1）	根据材料概括与一战时相比，罗曼·罗兰二三十年代反战活动的变化	5
总分		60

全国卷Ⅲ比较类试题

题号	内容	分值
25	汉初与秦朝政治制度比较	4
27	明末江南农村的变化	4
31	中国 1985 年相对于 1975 年农业种植结构及产量的变化	4

34	世界近代美术流派演变的历程	4
35	1958 年与 1875 年比较法国政治体制的变化	4
40（1）	根据材料一、二概括中国明清时期救济制度和英国近代济贫制度实施的共同目的并指出其救济方式的异同	18
40（2）	根据材料二并结合所学知识，指出与英国近代济贫制度相比，西方现代福利制度有哪些发展	7
46（2）	根据材料并结合所学知识，评价在不同历史时期严复的“民智”主张	10
总分		55

2. 对比分析的备考方法与试题提分技巧

（1）后期复习中对比分析的备考方法

在后期备考中，对具有可比性的相关知识先确定对比项，然后通过建立比较性知识表格或者知识结构图，呈现出对比项之间的异同，这样可以直观地看到历史知识之间的内在联系、逻辑关系，从而认识“类历史现象”的规律性和普遍性，也可以认识“类历史现象”的特殊性和差异性，增强知识的广度、清晰度。比如，文艺复兴、宗教改革、启蒙运动同作为思想解放运动，可以从时代背景、斗争目标、斗争方式等方面进行比较。在对比分析中尽量减少平铺直叙的语言叙述，形象直观的方式更易于我们掌握知识、把握规律。

（2）高考比较类试题的三种类型及提分技巧

1）特殊史实比较

①定义

所谓特殊史实比较类试题，是指试题内容是对某一特殊时空点位上的两种或两种以上的具体历史事件、历史现象进行比较。

②特点

主要以选择题形式呈现，分为特殊史实的纵向比较试题、特殊史实的横向比较试题。

③提分技巧

此类试题是具体的历史事实比较。

首先，要理解比较的具体历史事实。

其次，明白试题题眼问题的具体要求，是比较同点还是异点。

再次，分析异同点要求是从什么角度进行比较的，如原因、内容、特点、性质、影响等。

最后，根据要求甄别选择项，多用排除法。

（2016·全国卷Ⅱ，25题）两汉实行州郡推荐、朝廷考试任用的察举制；经魏晋九品中正制，至隋唐演变为自由投考、差额录用的科举制。科举制更有利于（D）

A. 选拔最优秀的官吏

B. 鉴别官员道德水平

C. 排除世家子弟入仕

D. 提升社会文化水平

【解析】

此题就是特殊史实的纵向比较试题。结合所学可知，A的“最优秀”、B的“鉴别道德”、C的“排除”都是不符合史实的，均排除。

2）阶段史实比较

①定义

所谓阶段史实比较就是试题内容呈现的是历史发展的特定纵向时段或横向时段的宏观或微观历史事实，要求考生对其进行多角度、全方位的比较。

②特点

考查考生归纳、分析、比较不同历史发展阶段历史事实的能力，对能力要求比较高。

③提分技巧

要正确解答此类阶段历史事实比较题。

首先，要清楚比较历史事实的长短。

其次，要分别归纳出阶段事实的阶段特征，比较出异同点。

再次，找出题目要求比较的角度，如政治方面、经济方面、思想方面等。

最后，对选择项进行逐一判断，找出符合要求的最佳答案。

（2016·全国卷Ⅱ，33 题）英国 18 世纪人口死亡率明显下降，但 1816 年以后死亡率上升。1831—1841 年工厂集中的伯明翰每千人死亡率由 14.6 上升到 27.2，利物浦由 21 上升到 34.8。导致上述情况发生的重要原因是（ A ）

A. 城市环境极其恶化

B. 化学工业污染严重

C. 人口膨胀食物短缺

D. 医疗技术水平下降

【解析】

A 项，此题属于阶段史实比较类试题。19 世纪上半期，随着英国工业革命的进程加快，城市工厂产生大量环境污染，进而影响人口寿命，导致人口死亡率上升，正确。

B 项，化学工业产生是在 19 世纪晚期的第二次工业革命，时间上与材料不符，错误。

C 项，工业革命一方面极大提高了社会生产力，增加了社会物质财富，另一方面又会造成严重的环境污染，导致人口死亡率上升，所以不会出现人口膨胀食物短缺的问题，错误。

D 项，19 世纪上半期，随着工业革命的开展，英国的医疗技术水平也会不断上升，错误。

3）主题史实比较

①定义

所谓主题史实比较，就是要求考生通过对试题围绕主题呈现出的两个或两个以上的性质相似的历史事件、历史现象、历史概念等进行多角度、全方位的比较，得出正确结论，考查考生归纳、分析、比较历史思维的能力。

②特点

此类试题难度很大，往往以主观题的形式呈现，是高三第三轮复习备考的核心内容。

③提分技巧

首先，考生要明白试题讨论的是什么主题及其内涵。

其次，回顾与试题有关的考点的主干知识，为将要进行的比较做铺垫。

再次，考生要针对不同层次、不同角度的问题，认真阅读材料，以获取相关的有效信息。

最后，对信息进行理解、判断、分析、归纳和比较，找出正确答案。

（2016·全国卷Ⅲ，40题）阅读下列材料，回答问题。

材料一：社会救济是中国古代历朝实施“仁政”的重要内容，主要依赖于政府财政。明初设养济院收孤苦无靠者，按月发口粮。明律规定：“凡鳏寡孤独及笃废之人，贫穷无亲属依倚，不能自存，所在官司应收养而不收养者，杖六十。”这是正律中首次纳入社会救济保障条款。清代的法律也有关于社会救济的规定，主要有灾荒救济，高龄老人养赡，设栖流所以收养流浪贫民，孝子节妇贫苦者救济，贫穷读书人救济等。

——摘编自邓云特《中国救荒史》等

材料二：英国圈地运动开始后，偷盗者、乞讨者等日益增多，社会不安定因素急剧增加。1601年，英国颁布济贫法。救济办法因类而异，凡年老及丧失劳动力者，在家接受救济；贫穷儿童则在指定的人家寄养，长到一定年龄时送去做学徒；流浪者被关进监狱或送入教养院。1834年，新济贫法规定，有劳动能力的失业者必须进“贫民习艺所”才能得到救济，而那里的条件比最低工资收入的自由劳动者还要恶劣得多。

——摘编自陈晓律《英国福利制度的由来与发展》

（1）根据材料一、二，概括中国明清时期救济制度和英国近代济贫制度实施的共同目的，并指出其救济方式的异同。（18分）

（2）根据材料二并结合所学知识，指出与英国近代济贫制度相比，西方现代福利制度有哪些发展。（7分）

【解析】

此题以社会福利制度为主题侧重对古今贯通、中外关联的经济史和历史阶段特征的有关问题进行比较，找出异同，分析对比，较好地考查了学生的比较能力。

第二部分
精研高考试题，抓住高考脉搏

张丽琴，历史学科主任，一级教师，任教 13 年
乔燕，历史中心教研室副主任，一级教师，任教 11 年
杨坤宇，历史研课主任，高级教师，任教 16 年
程向辉，历史研课主任，高级教师，任教 16 年
孙玉静，历史研课主任，一级教师，任教 13 年

1．2016 年高考试题特征

遵循了“稳中求变，变中求新”的思路，以《考试大纲》为依据，体现了新课程改革的理念，凸显学科素养立意。试卷落实立德树人的要求，贴近现实，具有强烈的时代和生活气息，突出社会主义核心价值观，突出中华优秀传统文化，反映了制度创新和国计民生等社会热点，体现了历史学科“学以致用”的文化价值。试卷秉承传统，回归理性，适当调整试题难度，阅读量适中，符合高考公平性要求，贴近学生和教学实际，具有良好的教学引导和价值导向功能。

2．2017 历史考纲变化

（1）突出问题意识

“注重考查在唯物史观指导下运用学科思维和学科方法发现问题、分析问题、解决问题的能力”。

（2）强化理论指导

明确提出历史学科要以“唯物史观”为指导思想；强调理论在指导历史

认识方面的作用；问题意识和理论指导相结合。

（3）细化能力目标

①把“辨别历史事物和历史解释”转变为“辨别历史事实和历史叙述”。

②把“理解历史事实，分析历史结论”转变为“理解历史叙述与历史结论”。

③把“说明和证明历史现象和历史观点”转变为“说明历史现象和历史观点”。

④把“独立地对历史问题和历史观点提出不同看法”转变为“发现历史问题”。

⑤把“运用判断、比较、归纳的方法论证历史问题”转变为“论证历史问题”。

（4）减少重复考察

选修模块只保留“历史上重大改革回眸”、“20世纪战争与和平”、“中外历史人物评说”。

对于广大考生而言，高考题就是最好的训练题，也是最值得研究的习题。用好高考题，有助于更加科学高效地备考。那么我们应该如何研究高考题呢？下面就一道题目为例来谈下建议。

（2013·全国Ⅰ卷，26题）在周代分封制下，墓葬有严格的等级规定。考古显示，战国时期，秦国地区君王墓葬规模宏大，其余墓葬无明显等级差别；在经济发达的东方六国地区，君王、卿大夫、士的墓葬等级差别明显。这表明（C）

A. 经济发达是分封制度得以维系的关键

B. 分封制中的等级规定凸显了君主集权

C. 秦国率先消除分封体制走向集权统治

D. 东方六国仍严格遵行西周的分封制度

【解析】

第一步，定位考点。

本题考查分封制到集权制的演变。

第二步，研究材料。

搜集近三年高考中考查本考点的考题还有哪些，分别从哪些角度选取材料和设问。如本题是从秦国和东方六国墓葬差别的角度选材，设问是“材料表明”。其中是否有类似的角度或特别个性的设问。

第三步，研究题干。

研究高考题题干中的关键信息一般会有哪些，如本题中的时间（战国）对比项（秦国与六国的墓葬）、对比结果（是否有明显的等级差别）。其中“经济发达”易错选A项，但不符合历史发展趋势，所以要排除表面信息的干扰，要结合知识正确地解读信息。

第四步，研究干扰项。

本题A、B、D三项排除的理由主要是不符合战国的阶段特征、分封制的概念理解、早期政治制度的特点，所以可以总结出高考题易从哪些方面设置干扰项。

第五步，研究正确选项。

体会高考题中关键词及逻辑关系的对应设置。

将自己对高考题的感悟应用到平时的做题备考中去，有助于我们更快更准地形成自己的做题方法，从而提高得分能力。

在高考考场上，可以说文综是时间最紧的一个学科，要求在150分钟时间内平均每分钟得2分，所以快速准确地做对题目，拿到分数是每位考生的迫切愿望。下面就客观和主观题的得分技巧分别谈些建议，希望对大家有所帮助。

★客观题提分技巧：“读、找、调、排、对”五步审题法

1. 文字型材料题提分技巧

客观题重点考查学生的阅读提炼和对比分析能力，做题时主要运用“读、找、调、排、对”五步审题法。

（1）读

包括读题干和选项。

要逐字逐句阅读，读完后不要急于看选项，最好停顿几秒钟概括题干的大致意思。要想全面准确地概括题干，就必须找全、找准关键词，并理清关

键词之间的逻辑关系。

（2）找

包括题干和选项的关键词。

题干关键词一般有：时间、空间、主语、连词、形容词、程度词、动词、对象、设问指向（原因、特点、实质、表现、特点、趋势）等。选项虽短也有核心词，最好带着两个易混选项的关键词之间的区别进行二次审题，否则盲目阅读，会造成考场上时间的浪费。

（3）调

在充分理解题意的基础上，调用相关的历史现象、概念、理论、阶段特征、规律等。

高考题多数题目考查主干知识、核心概念、阶段特征，所以做题时对题目的考点定位很重要，是否定位准确直接决定着调用的知识是否正确，若考点定位错误一定选不出正确答案。

（4）排

依据前面阅读概括的题意以及调动运用相关的知识，排除错误选项。排除的选项一般具有以下特点：

①与阶段特征不符。

②对重点概念、理论错误解读；表述过于夸大。

③未全面体现题干内容。

④和题干的设问不符，如问原因，选项表述的是影响。

⑤无明确知识错误，但缺乏比较优势。

排除完干扰项后，剩下的选项还要和题干进一步对应，即二次审题。将题干的关键词和题意再次审核一遍，感觉无误后，基本可确定答案。

有很多学生反映，做题时往往能排除一或两个干扰项，最后剩下两个很难确定。这个时候，审选项的关键词就变得特别重要。现在高考题的选型设置一般都很短，找到两个易混项的关键词，如一个突出“民主”，一个突出“法律”，思考两个词语之间的区别，带着区别进行第三遍审题比较有效。若未想清选项之间的区别就会造成盲目审题。

2. 文字型材料高考例题

下面依据设问，就上述方法分析解读三道高考例题。

（1）原因类

（2016·全国卷Ⅱ，26题）宋代，有田产的“主户”只占民户总数20%左右，其余大都是四处租种土地的“客户”。导致这种状况的重要因素是（B）

A. 经济严重衰退

B. 土地政策调整

C. 坊市制度崩溃

D. 政府管理失控

【解析】

第一步，概括题意。题目问宋代很多无地或少地的“客户”的因素。

第二步：考点定位。宋代经济。

第三步，排除选项。

A项，宋代经济较唐代有进一步发展，没有出现严重衰退，错误。

B项，宋代为加强专制主义中央集权，实行“不抑兼并”的土地政策，导致土地高度集中，租佃制进一步发展，进而出现“有田产的‘主户’只占民户总数20%左右，其余大都是四处租种土地的‘客户’”的现象，正确。

C项，坊市制度崩溃主要与商品经济关系密切，但与农民租种土地并无直接关系，错误。

D项，材料中谈到的宋代土地高度集中的问题与宋代实行的“不抑兼并”土地政策有关，不能表明政府管理失控，而是政府对土地政策的调整，错误。

（2）反映类

（2016·全国卷Ⅲ，27题）明末有人描述江南农村的变化时说，百年前的雇工“戴星出入，俗柔顺而主令尊”，如今“骄惰成风，非酒食不能劝”“夏必加下点心，冬必与早粥”。这一变化反映了（A）

A. 市镇经济与手工业的发展

B. 政府积极推行重农政策

C. 社会矛盾日益尖锐

D. 农业中人身依附关系强化

【解析】

第一步，考点定位。明代手工业和商业的发展。

第二步，排除选项。

A 项，概括题意可知，明朝中后期江南农村的雇工——佃户，由勤劳、柔顺到懒惰、骄纵，雇工本身的劳作态度、雇工对地主的态度都发生了变化，使佃户对地主的依赖关系松弛，明朝中后期江南地区的市镇经济与手工业的发展，会吸纳周边农村地区大量人口的就业，会导致农业生产人口的大量下降，农村会出现“用工荒”，因而农村雇工的地位提高了，正确。

B 项，材料反映佃户社会地位的提高，未涉及重农政策，错误。

C 项，材料反映的是佃户地位的变化，未体现社会矛盾，错误。

D 项，材料反映的主体是佃户的人身依附关系逐渐减弱，而不是强化，错误。

（3）影响类

（2016·全国卷Ⅱ，25 题）两汉实行州郡推荐、朝廷考试任用的察举制；经魏晋九品中正制，至隋唐演变为自由投考、差额录用的科举制。科举制更有利于（D）

A. 选拔最优秀的官吏

B. 鉴别官员道德水平

C. 排除世家子弟入仕

D. 提升社会文化水平

【解析】

第一步，考点定位。察举制、科举制。

第二步，概括题意。相对于察举制，科举制自由投考、差额录用的好处是什么。

第三步，排除选项。

A 项，科举考试的科目及内容，大都不出儒学经义的范围，儒生在地位得以提升的同时，也成了专制政治的仆从，特别是明清八股取士，被选拔的多是缺乏进取精神和创造意识的人，选拔的并不都是最优秀的人才，错误。

B 项，科举制以考试成绩作为选定官员的标准，考试内容主要是儒学经典，并不能真正鉴别官员的道德水平，错误。

C 项，科举考试以考试成绩作为选定官员的标准，虽破除了世家大族垄断官场的情形，但并不排除世家子弟入仕，世家子弟也可以通过科举入仕，错误。

D 项，科举制把读书、考试、做官结合起来，促成了比较广泛、持久的读书风尚，有益于社会重学风气的形成，提升社会文化水平，正确。

3．图表型材料题提分技巧

近几年高考命题中都会涉及图表型（柱状图、曲线图、漫画、地图等）材料，而这类题目考生比较犯怵，主要是信息容易找不全，甚至完全看不懂图，从而和命题人的立意相左。下面就这类题目谈下大致的分类和各类题的审题技巧。

第一步，审清设问，明确要求。

做题时要带着设问观察图表，增强审题的目的性和有效性。

第二步，读全图表，把握方向。

要认真审读图表，包括图表的标题、图表的内容尤其是图表中的文字，还有图注。最大可能地从图表中提取全面、准确的信息，并结合所学知识进行分析判断。

第三步，排除干扰，科学判断。

解题时一定要注意题干与图表的关系、题干与选项的关系、选项与选项的关系，注意肯定法和排除法相结合、图表信息与课本知识相结合，尽量排除干扰项和无效信息，做出科学判断。

依据图表的呈现方式，一般可分为以下八类。

（1）地图类

先看图例，通过图例来了解和寻找地图内容。

第一，要高度重视城市地名等标注。

第二，要高度重视箭头领域范围等线条，这是引导我们发现特点的关键之处。

（2016·北京卷，12 题）中国古代有一部文学作品集，下图是其作品来源地域示意图。下列诗句出自这一作品集的是（A ）

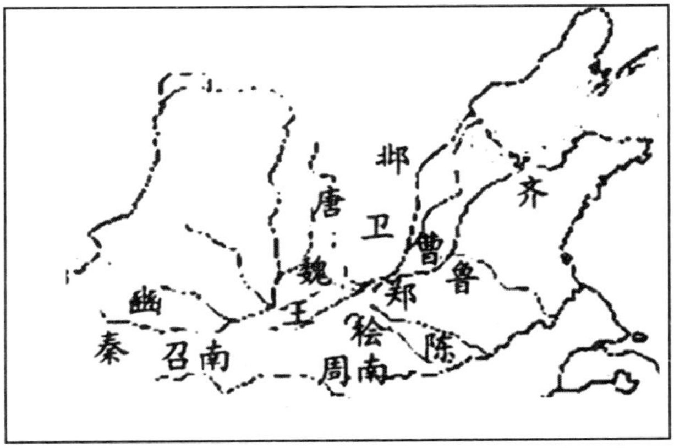

A. 关关雎鸠，在河之洲

B. 长门献赋汉相如，东篱赏菊陶元亮

C. 汉代李将军，夺得匈奴马

D. 政烦方改篆，愚俗乃焚书

【解析】

结合图片可知是西周时期的封国，描述的是西周时期的历史，A 项《诗经》里描述的是西周到春秋的诗歌，所以答案是 A。

B 是汉赋，C 是唐诗，D 描述的是秦朝焚书和统一文字，时间都不符合。故 BCD 项均错误。

（2）漫画类

历史漫画往往凸出重大历史事件中各方力量之间关系的焦点冲突。处理漫画要注意充分挖掘所有信息，以利于更准确地表达，从而形成全局认识。要避免只见局部不看全局的错误。

（3）图片类

①通过上面的文字信息判断相关的历史事件。

②通过图形风格推敲历史时间。

③通过其中人物事物判断历史归属。

④通过画面场景理解相关历史等。

（2016·全国卷III，24题）图4是1932年出产的一款火柴盒上的图案。据此可知当时中国（D）

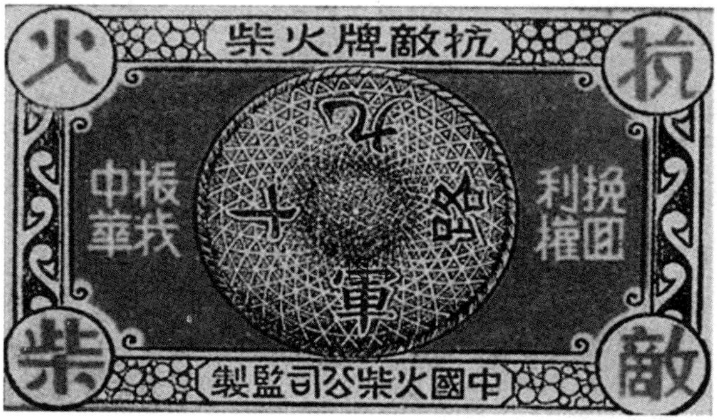

A. 民族火柴工业举步维艰

B. 新的营销方式得到采用

C. 开始兴起实业救国思潮

D. 全国抗日救亡运动高涨

【解析】

要抓住关键词“1932年”“抗敌”等，联系“九·一八”事变可知，局部抗战开始。民族火柴工业举步维艰，新的营销方式得到采用材料体现不出来；19世纪末开始兴起实业救国思潮，所以排除A、B、C项，故选D项。

（4）表格类

①如果是单一的一组数据，看发展。

②如果是几组数据，要横看＋纵看＋比较看，既看发展又要看变化。其中，数据表格标题要注意。

（2015 · 全国卷Ⅱ，33 题）由下表可以推知，19 世纪 70 年代到 20 世纪初（B ）

A. 欧美发达国家已经开始盛极而衰

B. 世界各地的工业化有所发展

C. 世界各国工业发展差距明显缩小

D. 世界经济结构发生重大变化

英、美、法、德工业生产总和在世界工业生产中所占比例表

年份	1870	1896—1900	1913
比例	78%	74%	72%

【解析】

A 项，从表可以看出，英、美、法、德工业生产总和在世界工业生产中所占比例虽然是下降的但幅度不大，仍占据垄断地位，欧美发达国家已经开始盛极而衰，与表不符，故错误。

B 项，英、美、法、德工业生产总和在世界工业生产中所占比例下降，反映出其他地区的工业生产总和上涨，即世界其他地区的工业化有所发展，故正确。

C 项，从表四国工业生产总和的比例无法得出各国工业发展程度，故错误。

D 项，第二次工业革命促进世界经济结构的变化，但与表内容无关，错误。

（5）曲线图（趋势变化）

①坐标横轴线表达时间。

②坐标纵轴线表达发展水平。

③曲线中的转折点与重大事件关系密切，通过对应坐标时间判定。

④曲线中的趋势段表达一个历史阶段。

⑤如果有多个曲线形成交叉点，则这个交叉点是变化的临界点关键处。

此类试题常借助坐标时间进行分析。

（6）柱状图

①单一的几个柱状反映的是发展趋势。

②复杂的几组柱状反映的则是发展中的比较与变化。

③注意标题。

④注意数值计算。

（7）广告类

①通过题干和广告图片的表象特征，来判定其所属时间。

②通过广告图片信息所表现的内容，来判定其所处时代的经济、政治及文化特点。

③广告图片反映了当时的社会现实，因而要能通过图片本身所反映的信息，准确地推断当时的社会特征。

（8）票证类

①根据题目要求仔细审读材料（票证）。

②结合时代背景把握票证所反映的主题和相关的国家方针政策、当时的社会生活等层面的信息。

当然，研究高考也包括主观题的研究。我们可以从主题词（是否切中社会热点）材料篇幅难易，如何分层归纳、设问、答题的角度、评分细则、学科专业词语的运用等角度研磨高考主观题。

下面就主观题的设问分类、评分细则、得分技巧谈些粗浅的看法。

★主观题提分技巧：点多、面广、句短

1．提分技巧

（1）问题入手，读懂材料

①确定主题，宏观掌控

②先读问题，后读材料

③问题分割，阅读针对

④通读材料，注意细节

按顺序读题引、掌握时间（有显性时间和隐性时间之分）用标点符号（分号、省略号、冒号、句号等）分清层次、注意出处等。

（2）准确审题，审核教材

1）审清问法，整理思路

①“根据材料X，指出（或概括、归纳）……现象、特点、趋势”——依托材料，理解材料，描述和阐释事物。

②“根据材料X，结合所学知识，指出（或概括、归纳等）……”——分析材料，并要调动和运用基础知识，论证和探讨。

③“综合上述材料……谈认识（启示）”——再读设问，宏观把握，结合现实，理清线索规律，开放认识。

2）抓住中心，明确主题

抓住中心问题，宏观切入——知道考查什么主干知识。

3）问题切入，审核教材

①抓住关键句、词、字，微观切入

——知道问题具体藏身处。

②提炼材料观点要切合教材观点

——一般与教材观点勿相违背。

“三定法”抓设问词

<table>
<tr><td colspan="3">材料解析题设问部分结构组成</td></tr>
<tr><td>定向词</td><td>定法词</td><td>定位词</td></tr>
<tr><td>根据材料回答</td><td rowspan="4">概括、分析、比较、说明、评析、指出、列举等</td><td rowspan="4">背景、原因、条件、目的、特点、内容、措施、成就、实质、影响、作用、意义、启示、认识等</td></tr>
<tr><td>根据所学知识回答</td></tr>
<tr><td>根据材料并结合所学知识回答</td></tr>
<tr><td>综合上述材料回答</td></tr>
<tr><td colspan="3">注意：一般来说，定位词前往往会有关键的限定词，限定答题的时间、空间、角度等</td></tr>
</table>

（3）条理规范，精确作答

①条理清楚，字迹工整

②书写完整，语言规范

③紧扣题意，简明扼要

④根据分值，设置要点——一般鼓励多写一两点。

温馨提示：点多、面广、句短。

2．定位词的答题思路分析和典例分析

（1）原因类

1）试题范围

包括背景、原因、条件三种不同设问。

①联系

背景的范围最广，原因或条件是背景的组成部分。

②区别

条件更注重客观性，原因注重主观性。

2）试题的分类

原因按照不同的分类标准，可以分为内因和外因、根本原因和具体原因、主观原因和客观原因、主要原因和次要原因、直接原因和间接原因。

一般而言，根本原因是主要原因，但主要原因不一定是根本原因。

（2015·北京文综，37题，36分）历史语境中的语言和文化。

材料二：16世纪，英语主要是英格兰人的语言。到18世纪中后期，英语已扩展到英国的殖民地并在国际商贸活动中广泛使用。“二战”后，英语逐渐超越其他语言，成为科教领域和众多国际组织的通用语言，被称为语言的“日不落帝国”。

阅读材料二，分析英语发展成为语言的“日不落帝国”的历史原因。（12分）

【答案】

①原因

英国由单一民族语言演变为国际通用语言，是近代以来英、美资本主义发展的产物。

②政治

英国通过殖民活动，在世界范围内确立了政治优势。“二战”后，美国取代英国成为资本主义世界的霸主。

③经济

英国率先完成工业革命，在技术和经济领域确立了主导地位，成为“世界工厂”。“二战”后，美国取代英国，成为世界经济和技术领域的主导者。

④文化

英语文化首先在英属殖民地传播，并逐渐扩展到全球。“二战”后，经济全球化和政治、文化交流的日益频繁，强化了英语文化的优势地位。

（2）变化类

1）变化类历史试题的三种形式

①前后变化型

之前怎么样，之后怎么样。

②阶段变化型

分阶段归纳。如中国专制主义中央集权制度的发展历程、自然经济的发展历程、科举制的发展历程。

③内容变化型

主要是指以前没有这种情况，后来新出现了，其答题模式为列出新出现的情况。如明朝中后期，中国经济的新变化为出现了资本主义萌芽。

（2013·全国卷Ⅰ，40题，25分）阅读材料，完成下列要求。

材料一：我国是最早利用海洋的国家之一，殷墟即发现了来自南海乃至阿曼湾的海贝。齐国借助“边海”的地理条件，发展“鱼盐之利”，成为春秋战国时最为富庶的国家。汉代“海上丝绸之路”雏形即已出现，魏晋而后，僧人“附商舶”西行“求法”，成为佛教东传的重要方式。宋元时代指南针等远洋航行工具的使用，使海外贸易达到鼎盛。明朝前期，在郑和下西洋的背景下，出现了一批重要的航海著作，如《瀛涯胜览》《星槎胜览》《西洋番国志》等，记录海行见闻，反映当时东南亚、印度以及阿拉伯、东非等地的风土人情、山川形胜。明后期，郑若曾针对倭寇等问题，在《筹海图编》中明确提出“海防”的主张：“欲航行于大洋，必先战胜于大洋。”而明、清政府常常采用“海禁”的办法。到鸦片战争前，“各省水师战船，均为捕盗缉奸而设”。

——摘编自白寿彝总主编《中国通史》等

材料二：鸦片战争后，中国被卷入世界市场体系，通商口岸不断增加。魏源认为海运“优于河运者有四利：利国、利民、利官、利商”。1842—1846年，茶出口增长一倍，丝的出口增长将近五倍；1846—1856年，茶出口又增长55%，丝的出口增长三倍多。海关税收从1861年的490余万两增加到1902年的3000余万两。1866年，左宗棠创办福州船政局，附设福州船政学堂。1868年，江南制造总局制造的第一艘近代海轮“惠吉”号下水。1872年轮船招商局成立，“使我内江外海之利，不致为洋人占尽”。1885年，海军衙门设立。随着西方商品与资本输出的扩大，部分国人提出与列强进行“商战”。1904年，张謇上奏朝廷，请准各省成立海洋渔业公司，购置新式渔轮，发展海洋渔业。19世纪60年代后，清政府与英法等国签订条约，允许百姓出国，“毫无禁阻”，仅南洋地区，就有中国移民500万人。

——摘编自许涤新、吴承明主编《中国资本主义发展史》等

根据材料一、二并结合所学知识，分析指出晚清海洋利用的主要变化及启示。（15 分）

【答案】

主要变化：

①在西方冲击下海禁政策失效，政府被动参与海洋利用。

②海洋权益的各方面都受到西方列强的干预控制。

③通商口岸增加，海外贸易拓展。

④对海洋重要性的认识逐步深入。

⑤海洋管理机构逐步建立，试图建立有效的海防力量。

⑥海外移民、留学成为重要现象，对国内的影响加深。

启示：加强海洋领土及海权意识；开发利用海洋资源。

（3）特征类

①历史事件特征型

历史事件的特征常从时代背景、参与主体、引动方式、引动目的、引动结果、性质影响及终结性结论等方面与其他类似事件的区别之处进行归纳。

②历史措施特征型

历史措施（政策）的特征主要从背景、目的、内容、结果、影响等角度分析。

③历史阶段特征型

历史阶段的特征常从政治、经济、文化、民族关系、国际关系、生产关系等方面归纳。由于历史阶段时间长，其特征常具有变化性。

④历史人物特征型

历史人物的特征常从时代、阶级属性、个性化活动与思想主张、历史地位等角度分析。

（2014 · 全国卷Ⅱ，40 题，25 分）阅读材料，完成下列要求。

材料一：清朝建都北京后，原居住于白山黑水间的各民族人口大量内迁，东北地区出现“沃野千里，有土无人”的状况。清廷把东北地区视为“龙兴之地”，在此设盛京。吉林、黑龙江，实施军事化管辖，设置关口，长期禁止关内人口迁居。往来须持有官方颁发的路票。“移民之居住有禁，田地之垦辟有禁，森林矿产之采伐有禁，人参东珠之掘捕有禁”。从乾隆年间开始，山东、河北等地“闯关东”者日盛，“每查办一次，辄增出新来流民”。他们“不但不肯回籍，抑且呼朋引类，日积日多”。清廷对东北地区时开时禁。

——摘编自葛剑雄主编《中国移民史》等

材料二：1689 年的中俄《尼布楚条约》，划定了清朝与俄国的东段边界，但直至 19 世纪初，黑龙江以北数十万平方公里的土地上，居民不足 1 万人。第二次鸦片战争时，清政府被迫与俄国签订《瑷珲条约》和《北京条约》，清政府随即开放了哈尔滨以北的呼兰河平原和吉林西北平原。新来移民与当地满、蒙古等族通婚、建庙、演戏、立会、设学堂、建市镇。仅十余年，呼兰地区已是“三城相望，粮产富饶，商贾因之麇（群）集，流民居户不下十有余万”。1904 年，清政府全面开放东北各边荒地；1907 年，设奉天、吉林、黑龙江三省。1908 年，仅奉天一省人口已达 1100 万人。1911 年，清政府制定了东三省移民安边章程。

——摘编自白寿彝总主编《中国通史》

根据材料一、二并结合所学知识，概括清朝东北地区移民过程的特点。(12 分)

【答案】

特点：

①清政府由禁止到时开时禁再到鼓励。

②由自发移民为主到政府主导为主。

③移民政策受外来侵略影响。

④移民主要来自邻近省份。

⑤移民禁而不止，规模逐渐扩大。

⑥从非法移居到合法定居、生产。

（4）评价类

1）评价类试题通常是通过“评价”“评述”“评析”“认识”“看法”等引导词来提问。“评价”类，注意一分为二辩证地看待，历史地评价。

2）“评述”类注意先述后评（析）。述变化述内容，评背景评影响。

①“评析”类注意从事件事物的各方面来评价。

②“认识”“看法”类，一般要求总结规律得失，提出对策。

（2016·全国卷Ⅱ·40题）阅读材料，完成下列要求。（25分）

材料一：清朝康、雍、乾长达一个多世纪中，社会总体稳定，清政府取消了人头税，根据耕地面积确定税额，减轻了下层百姓负担。农业上普遍采用了轮作、复种、多熟等农作制。玉米、甘薯等耐寒、耐旱、高产作物不断推广，人们将林木覆盖的山地和草原广为开垦。人口从清初的1．8亿增加到鸦片战争前夕的4亿之众，引起了一系列变化：一些地区“游手好闲者更数十倍于前”“田地贵少，寸土为金”；水土流失和草原沙化现象凸显；农业人均收益递减，各地民变此起彼伏。

——摘编自李龙潜《明清经济史》

材料二：为解决人口压力，康有为认为，“西北诸省土旷人稀，东三省、蒙古、新疆疏旷益甚，人迹既少……早谋移徙”。严复则认为兴办现代实业较垦荒辟田有效得多。到民国时期，有人认为，“人口增加是无止息的，食料的增加是越来越困难的，即使我们能开垦荒地、改良农业、增加生长，总是赶不上人口增加的快”；至于工业化一途，因需要大量投资，短期内难以搞成。因此很多人认为，解决人口问题的“治本方法”是“迟婚与节育”。

——据《康有为全集》等

根据材料二并结合所学知识，概括近代学者缓解人口压力的主张，并加以简要评价。（13分）

【答案】

（1）主张

①向人口密度低的地区移民。

②发展实业吸收劳动力。

③增加耕地，改良农业生产。

④节制生育。

（2）评价。可以总体评价，也可以就主张分别评价。

①总体评价

多角度提出缓解人口压力的方法，为后世提供了借鉴；有一定的历史局限性。

②分别评价

康有为的主张是缓解人口压力的传统方法，但向生态环境脆弱地区大量移民不可行；

严复的主张符合时代发展方向，但当时条件尚不具备；

节制生育有可取之处，但未认识到人口因素的积极面。

（5）作用（意义、影响）类

作用和影响可分为积极和消极、国际国内、直接深远、政治经济思想、军事外交民族等角度。

意义主要谈积极方面，可以考虑理论、实践、当前、长远、政治、经济、文化等多角度。

（2014·全国卷Ⅱ，40题，25分）阅读材料，完成下列要求。

（内容略：同前面特征类例题）根据材料一、二并结合所学知识，简析移民东北的历史作用。（13分）

【答案】

①缓解关内人口压力。

②增加政府收入。

③加强对东北地区的管理。

④促进民族融合、文化交流和先进技术的传播。

⑤有助于抵御列强侵略。

⑥促进东北开发。

高考中的主观题40题（主题式）和选做题考查的能力立意较接近，主要是阅读、归纳概括、阐述等能力考查，41题主要是发现问题、提炼观点、论证说明解读等能力的考查。同学们在时间保证的基础上，通过认真严谨的审题，提炼材料中的关键信息，多角度地调用主干知识、规范答题的学科用语，力争取得更高分数。

最后想告诉广大考生的是高考的胜利在于扎实的基础、纯熟的方法、坚定的信心、灵活的技巧等因素的综合体现，缺一不可。

预祝各位考生，在备考的路上成长自己、收获成功!

第三部分
强化史料意识，精准习题训练

李军燕，历史中心教研室副主任，高级教师，任教12年

贾星，历史研课主任，二级教师，任教6年

★强化史料意识：考查分析历史现象、论证历史史实、解决历史问题的能力

近几年，高考历史试题以“新材料新情境”为载体，依托考点通过图画、表格、文字材料等方式进行包装，间接呈现在考生面前，体现高考理解分析、归纳概括、提炼信息的能力。命题者挖空心思，遴选各种史料，设置各种题型，变换多种角度，许多结论或观点超越课本或学生认知。史料越来越成为历史高考中的重要因素。所以，在距离高考日益临近时，突出对史料的分析和理解，才能紧密跟随高考思想，把握高考灵魂。

论由史出，史论结合，是历史学科特有的一种思维方式。对历史考生而言，则需要在树立证据意识的前提下，达到运用所学的历史知识分析历史现象、论证历史史实、解决历史问题的能力层次。

1. 史料分析的原则

（1）区分史料和史实。

历史主要有两层含义，一是指人类过去发生的事，一是指对这些事的记

述和研究。历史上发生的事是客观的，不容假设，这是在历史含义第一层面上的探讨，即历史史实。从第二层含义分析，历史又具有主观性。因为文献史料是前人经历与传闻的记录，或者是他们对所见到的史籍、档案的引用、编纂和解释，历史见证人所记录的这些事情的原委、经过，历史学家对它们的描述，总是受到记录者、著史者的主观目的、政治态度、历史观、知识水平、观察能力以及个人阅历、生活经验等因素的制约，无不蕴含个人感情与主观见解。所以，史料不等于史实。如梁启超对戊戌政变的记录是史料，而慈禧太后发动戊戌政变则是史实。

（2）懂得鉴别史料的基本方法。

历史学科的重要特点之一是“寓论于史”，因为任何历史结论都是建立在史料的基础上的，离开史料的结论都是空洞乏味的，是很难成立的。一些史料引用时要考虑其时间、背景和作者（立场、动机、倾向）等因素，剥离史料中的主观因素。此外，史料形式不同，获取有效信息的方法不一样，其证据力也有所不同。

例如，20 世纪 30 年代以后，国共两党都有意识地加强了对辛亥革命的研究。国民党方面，把辛亥革命史纳入党史的编纂和研究，溢美之词居多；共产党方面，在唯物史观的指导下分析了辛亥革命的成败得失。新中国初建，史学界对辛亥革命的历史功绩都给予充分肯定。随着“文革”的到来，辛亥革命的研究遭到了“文革史学”的摧残。经过拨乱反正，对辛亥革命的评价出现了百家争鸣的繁荣局面。总体上说，正面肯定辛亥革命历史地位的意见是主流。

（3）区分史实和结论。

史实是经过考证的，毋庸置疑。结论是思辨的结果，见仁见智。

例如，秦始皇统一六国、巩固统一、实施暴政，史实清楚，可两千年来对秦始皇的争论不绝于耳。误把结论（如名人的结论、伟人的结论）当作史实，再去推导结论，实际上是剥夺学生思考的权利。

（4）孤证不立，一个史料可能支撑多个结论，甚至是相反的结论。

如果只有一条证据支持某个结论，这个结论是不可接受的，在逻辑学上，称为弱命题，由若干证据组成证据链方可成立。简言之，孤证就是没有证据证明材料本身的真实性，别人有理由认为这块材料是伪造的。

例如，讲《戊戌变法》时，很多老师喜欢引用梁启超《戊戌政变记》中的一段："人人封章，得直达于上。举国鼓舞欢蹈，争求上书，民间疾苦，悉达天听。每日每署，封章皆数十，上鸡鸣而起，日晡乃罢。"如果通过这个材料得出结论——戊戌变法得到了人民群众的广泛支持——这个材料显然证据不足，属于孤证，且不符合当时的实际，通过此类材料的学习，就能培养分辨是非的能力，形成正确的价值观。

（5）史无定论。

懂得随着新史料的出现，结论往往会发生重大变化。即使是面对相同的史料或史实，不同素养的人、不同立场的人、不同史观的人、不同时代的人得出的结论差异很大，甚至尖锐对立。历史在其发展过程中，常常是诸种因素的重新组合，这种组合会赋予某些"定论""结论"和"决议"以新的意义，从而导致它们的重新认识。

例如，近代的洋务运动在很长一段时期内，人们都遵循着一条基本否定的认识路线去看待。但是中国走向开放的新历史，又唤起人们重新去认识近百年前那一次特定环境下的开放活动。

总之，较为重要的事件人物等的作用与意义，需要经过相当长的时间才能充分完整地表现出来。

2．史料分析的培养

培养史料分析能力，可以从以下三方面入手。

（1）充分理解教材观点

通常情况下，教材会就一些重大历史事件给出一些结论性的评价，这是在史学界基本有定论的观点，往往也是教学的重点和难点。在复习中，可以追问为什么教材中有这样的观点，有意识地为这个结论寻找依据，从而加深论由史出的能力锤炼。

（2）敢于质疑教材观点

历史问题的复杂性和历史研究的发展性决定了大多数问题本身就是动态开放、不断变化的。角度不同，获得的史料不同，对史料的解读不同，得出的结论也就不同。因此，要敢于质疑教材观点，尤其是对于一些史学界尚有争议的问题。要打破对教材的崇拜，更不能唯教材论。

3. 进行习题训练

作为高中生，我们不可能大部头地阅读原始史料和大量的历史著作，而习题往往为考生提供了逻辑链条。考生可以通过各种逻辑链条理出历史事物内部或不同历史事物之间的线索和脉络，从而将历史知识编织成一个纵横交错的网络结构，以加深理解并不断提高迁移运用能力。习题训练除了可以查找到基本的知识漏洞外，还可以理因果（高考对历史事件背景和影响的考查远多于史实本身，而所谓的背景和影响实际上就是事件发生的“因”和产生的“果”。历史事件前后关联，因果作用，层层递进，生生不息，形成了一条流淌的历史长河），理关联（“理关联”就是将那些没有明显纵向因果关系却在本质上有相通之处的历史事物建立联系，以重要思想、史学观念和史学方法统领历史，透过现象看本质）。

★精准习题训练：读典题，精选题，练好题，读新题

1. 读典题

高考前夕对高考题的研究依旧要常抓不懈。研究分析不放松。高考试题具有相对稳定性的特点，通过研究揣摩近年高考题目能够寻找应对新一届高考的方法。自新课程高考以来，经过多年积淀，历史学科出现了许多具有典型性的优质高考试题。做题是命题的逆过程，是通过试题的表象透视命题人的意图。深入阅读研究典型题目，体会试题在扣考点、引材料、选角度、设问题、定答案等方面的良苦用心，能够帮助考生进入试题内部，像命题人一样思考，体悟命题与解题的关联。剖析典型试题时要揣摩命题的着眼点、寻找设问的要害点、解读材料的关键点、分析答案的落脚点、链接考纲的关联点等。

2. 精选题

高三后期，时间紧，任务重。高考模拟试题浩如烟海，所以，精选题是提高习题训练质量的重要前提。首先谈一谈选题的基本原则，什么样的题可以做，什么样的题可以不做。

（1）明确一套好试题的标准

①知识点配置合理，覆盖全面，重点突出。

②试题有难易梯度、有区分度。突出中档题，适度训练难题，所谓难题是指思维含量高，切入点新颖，打破常规思路，不应该是偏题和怪题。

③试题科学，设问指向明确，没有歧义。

④选择题的选择支迷惑性强，区分度低。

⑤习题材料呈现形式多样化。

⑥综合题目设问起点高、落点低。

⑦答案简捷，学科术语运用恰当。

⑧ 41 题的题型敢于尝试新题，突出素养立意。

⑨主观题综合训练各种题型。特点类、比较类、数据类、图片漫画类、观点类、建议类、修改类、评述类、评析类、认识类等，只要见到的类型就一定要练到，打破“定式思维”。

⑩选做题要注意 45 题和 48 题的难度平衡问题。

（2）明确训练主题

习题训练不能为了训练而训练，也不能寻求心理安慰而训练，更不能跟风似的训练。所以，考生首先对自己要有一个清楚的判断，自己的知识漏洞、能力缺陷是什么，在明确自身不足的前提下进行有针对性地选择和训练，对症下药，才可以起到事半功倍的作用。

（3）精确选好题

选题指的是对现成试题进行优劣判断和评价，直接为我所用。这就要求考生要有敏锐的试题评鉴能力，尽可能地选用“好”的试题，有针对性地进行训练，从而提高备考的有效性。做好“四不选”。

其一，单纯直接考查基本知识的习题不选。

近年高考试题能力的考查综合适度，综合考查考纲上要求的各种能力。所以，考生要依据自己的实际学习情况对各试题做好选拔，有所侧重，对能力的考查要有梯度。

唐代三省制实现了分层决策与分层行政，通过文书的起草、审核和执行

的运作流程来实现权力的分割与制约。据此可知，唐代三省制（　　）

A. 成功实现了行政权力的分割

B. 完全保证了皇权的独尊地位

C. 有效地制约了皇帝滥用权力

D. 实现了民主政治的最初创建

这道题就属于直接考查三省六部制的相关特征，与当前试题的考查路径和思路不一致，不能达到高效的训练目的。

其二，材料过长，一味考查材料主旨的题目不选。

试题的文字力求浅显简短、简明扼要，但又不可遗漏必要的条件。要避免出现主题表述不清、设问不明、行文不规范等问题。选择题的四个选项字数最好能大体一致。

康德（1724—1804）宣称：普鲁士的开明体制，代表着一个新的时代——启蒙时代的降临。他赞美普鲁士皇帝说："也惟有自己已启蒙、不惧怕阴影但同时手里握有一支训练有素且人数众多的军队以保障公共安定的君主，才能够说出一个共和国不可以斗胆说出的话：理性吧，思考多少、思考什么都行。"这说明康德（　　）

A. 赞赏德意志君主立宪制

B. 支持和尊重思想自由

C. 认为君主具有理性精神

D. 推崇普鲁士军国主义

其三，组合型选择题不选。

组合型选择题是多项选择题的变形。

1）考查角度有两种

将同一历史时期或同一历史事件影响下的知识进行归类组合。

将不同历史时期的同类知识进行归类。

2）组合型选择题结构一般由三部分组成

①表述关系的题干。

②根据题干要求列出三组或三组以上的事件或现象,并以数字序号列出。

③根据这些数字组合成的备选项。有些组合型选择题还要求将有关事件或现象按照一定的关系（时间、区位、逻辑关系等）进行排序。

解答此类试题，一般首先按照题干要求将含有明显错误序号的备选项或序号正确却未被入选的备选项排除，然后将排除后剩下的含有其他序号的备选项加以比较，找出符合题意备选项，从而做出正确的选择。

易中天先生在《帝国的终结》一书中指出，皇帝对官员常有一种复杂的心理。一方面，他离不开官员；另一方面，他又近乎本能地认为帝国的事情会坏在这帮家伙手里。下列哪些属于皇帝为了避免“帝国的事情会坏在这帮家伙手里”而采取的措施（B）

①汉武帝设中朝；②宋朝实行二府三司制；③元朝设中书省；④明朝废丞相设内阁

A. ①②③

B. ①②④

C. ①③④

D. ①②③④

【解析】

题①，依据材料中“他又近乎本能地认为帝国的事情会坏在这帮家伙手里”，为此皇帝采取的措施是削弱分割相权。汉武帝设中朝，成为新的中央决策机构，削弱丞相地位，正确。

题②，宋朝实行二府三司制，分割宰相的军权、财政权，正确。

题③，元朝中书省权力很大，威胁到皇权，错误。

题④，明朝废除丞相制度，设立听命于皇帝的内阁，正确。

其四，题目之间相互独立不选。

各试题应该彼此独立，不可含有暗示本题或他题正确答案的线索，这在选题范围较小时更要注意。

3. 练好题

能选到一份好题不容易，如何让习题训练发挥到最好作用呢？

（1）限时训练

一套历史题的题量，12 个选择题，3 道主观题，把训练时间控制在 45 ~ 50 分钟内，集中注意力，专注高效地投入。

（2）主题训练

可以单独训练选择题或主观题。比如单独训练选择题，12 个选择题在 15 分钟内做完并完成涂卡。

（3）强化审题

要舍得在审题上花时间，深入挖掘设问中隐藏的信息和主题。

（4）41 题切忌“模式化”

考生应该从审题出发，思考出题者意图和考查目的，寻找最恰当的答题思路，以严谨的逻辑思维和准确的语言叙述完成答案书写。

（5）选做题要明确选做依据

一看，材料的主题和内容。

二看，设问的方向。

三看，材料中蕴含的答案多少。

（6）训练应试技巧

思考并训练如何在最短的时间内做对题。

（7）追求满分卷面

①思路准确。

②布局美观。

③内容充实。

④答案条理。

⑤精雕细刻细指导，不是要过分美化，以能得满分为标准。

（8）敢做“新题”

看似困难的题目，不要轻蝗放弃，认真分析，也许会豁然开朗、柳暗花明，要注重思路规范、要点化、条理化。

4. 读新题

高三学年，各地的检测卷、模拟卷、押题卷纷至沓来，让人应接不暇。试题是做不完的，除根据老师的要求和自己的实际情况进行必要的训练外，对无暇做完的试题可以进行快速的阅读浏览，在平稳自己因大量试题未做而带来的恐慌心理的同时，更重要的是能够从中发现一些题型、角度或材料比较新颖的试题，进而了解命题的新动向，拓展自己的眼界，提升应对各种试题的心理素质和解题能力。

第四部分
做好整理改错，打造高质考生

张清秀，历史研课主任，任教 6 年

裴冬梅，历史中心教研室主任，高级教师，任教 23 年

★选择题整理：先分类再改错

高考在后期的几十天要进一步提升历史选择题能力，重视改错反思是一个重要方面。有些学生由于学习时间紧张而忽视改错，选择题只是停留在老师课上讲的笔记，这样就丧失了每次做题应有的提升。也有些学生每天花了大量的时间，把老师讲的每一个题都改了，但没有很大的提高，感觉还是越错越多，有种受骗上当的感觉。到底问题出在了哪里呢？下面从两方面来说一下选择题改错如何做到省时高效。

1．选择改错要分类

从多年教学经验，还有带毕业班学生的经验来看，选择题分类改错可以帮助学生揣摩出题者的意图。我一般让学生分成三类来整理：纯材料型、材料加知识型、纯知识型。

（1）纯材料型

这类型的题以尊重材料主旨为准，其中又以学者型的选择题最为典型。

（2）材料加知识型

此类型的选择题属于课本基础知识的变形。

如下题课本基础知识是孙中山的“三民主义”，但又需结合材料，选出正确答案。

1896 年孙中山先生在伦敦被清政府诱捕，后得英人康德黎帮助而获释，获释后孙中山在英国待了九个月，目睹了诸多工业化国家日渐增长的国富民贫改革与革命的趋势。这九个月的经历最有可能刺激孙中山萌生的思想主张是（C）

A. 民族革命思想

B. 民权主义思想

C. 社会革命思想

D. 政治革命思想

【解析】

考点：三民主义

A 项，民权主义是创立民国，错误。

C 项，孙中山亲眼看到日渐增长的国富民贫改革与革命的趋势，指出西方国家贫富不均，劳资矛盾尖锐，社会矛盾必将不远。他的社会经济观点——民生主义就是在这时开始形成的，正确。

B 项，民族革命是推翻满清，错误。

D 项，孙中山在辛亥革命后的思想，主张兴办实业，错误。

（3）纯知识型，课本基础知识的考查

假如有一名秦朝的政府官员，他每天工作非常繁忙，除了将大臣们的奏章归纳整理外，还得对一些违法乱纪的官员进行暗访、调查。那么这个政府高官应是（B）

A. 丞相

B. 御史大夫

C. 太尉

D. 郡守

【解析】

考点：古代中国的政治制度，秦朝中央集权制度的形成，三公九卿制

秦朝时为了加强中央集权，以皇帝为尊，在中央设三公九卿制。其中三公为丞相、太尉、御史大夫。丞相负责协助皇帝处理全国政事；御史大夫负责执掌群臣奏章，下达皇帝诏令，并管理国家监察事务，太尉负责管理军事。九卿对丞相负责，按其职能，行使权力。

对于这三类题型，第一二种类型重点整理，这是现在高考的常考题型，尤其是材料加所学知识型，源于课本又高于课本。第三种类型的选择题可以不用改错，只需要记忆相应的基础知识，如果觉得是常考点，可以在积累本上简单写下知识点即可。

分类改错的具体实行办法：根据自己的做题量，在积累本上提前留出一周或者两周的空白量，比如材料型的题留三页空白，每次老师讲完题就把相应的题粘到相应的位置，这样就可以很清楚地知道自己这一周哪一种类型的题错得多，这段学习的盲点在哪里，而且以后再碰到同类型的题肯定会高度警觉，选择题的出错率自然就会慢慢降低。

2. 选择题改错的四步曲

如果归类整理你已经做到了，那么下面具体到每道题该怎么改也是很重要的。改错四步曲是我们总结众多改错方法后得出的比较科学的一种选择题的改错步骤。下面是一个学生的选择改错。

司马迁在《史记·货殖列传》中指出：农不出则乏其食，工不出则乏其事，商不出则三绝，虞不出则财匮少。这段话主要反映了我国古代农耕经济具有下列哪个特点（A）

A. 呈现多元化结构

B. 农业是其根本点

C. 小农经济为主体

D. 农与工商虞并举

【解析】

错选 D。

（1）错因

①对我国古代农耕经济把握不到，农耕经济自然是以农业为主体。“并举”表现出同等重要。

②多元化结构都存在，地位不同，比例不同，名词理解不到位。

（2）对策

复习小农经济，必修二课本笔记。

（1）弄清正选与错选

有些学生经常会犯一些低级错误，比如正确答案是 A，他没弄清，解释了半天，仍然把 A 认为是错误答案。改错的第一步就是避免这种低级错误，还有一定要知道自己到底错选了什么。

（2）辨析正选与错选

这个步骤最好在老师讲题之前先思考，顺着答案去想为什么正确答案是这个，自己选的选项到底错在哪里，可以先有自己的想法，然后再根据上课老师所讲，准确无误地写出正选项与错选项的解释。如果别的选项虽然自己做题时排除了，但不是真的明白，一定也要重点标注，避免以后考到类似的题目会出错。

（3）解析错选原因

这个步骤就不是针对每个选项了，而是跳出选项，整体分析自己出错的原因。

例如，是基础知识薄弱（时间、地点、关键词）、粗心大意（想选 A 却写成了 D，或者是涂卡的时候涂错了）、历史概念不明（美苏争霸、两极格局、雅尔塔体系等）、课外知识懂得过少、生活常识缺乏、学科互通性差等。只有弄明白了问题到底出在哪儿，才能对症下药。

（4）明确努力方向

这是最后一步，要针对这道题你的理解，总结出一句话，可以是具体的对策或者改进措施，以便提醒自己再遇到同类型的题目需要精心注意之处。

以上就是改错四步曲。有同学可能会说这样改错会花费很长时间，但是如果有效果绝对值得，性价比高。另外，并不是所有的错题都要这么改，我们这种步骤主要是针对有价值的习题。所以这就要求同学们改错要会选择，精改会改。

3. 挑选改错习题注意事项

（1）基础知识类的可以不用改，加强记忆，或者把相关知识点抄到课本相应位置即可。

（2）一张卷子上同类型错了好几道，只需选一道典型的题改错，把具体的步骤写清楚。

（3）一张35道题或者30道题的试卷只需要选择5道或者6道题即可，改错不是越多越好，而是要有价值，真的通过改错能有很大的提升。

（4）如果一道题特别好，虽然你没有错，但是你对这道题感受颇多，有自己的很多想法，或者是老师讲解这道题激发了你的灵感，这样的题也值得去改，好题是需要不断积累的。

★主观题整理：遵循改错四步曲

1. 遵循改错四步曲

第一步，对照答案找失分

第二步，对照失分找要点

第三步，对照要点找错因

第四步，根据错因想办法

（学生的一小问主观试题改错）对列强入侵、思想上的人权意识、政治上“左”的错误及统治等，做法：

①看见大段材料别盲目。

②发散主体，从政、经、思、对外和材料综合考虑。

③抓基础，最基本的东西要记牢固。

主观题改错绝对不能简单粘贴了事，而是必须头脑清楚地找出丢分的症结和努力的方向，并在事后经常翻看以使自己形成良好的思维习惯，避免类似悲剧重演。这样才能收到事半功倍的效果。

2. 经常进行题型分析和反思

历史主观题的答题步骤非常重要，对各种主观题的回答务必要严谨细致才能得到阅卷老师的高分。所以，一周或者两周进行一次题目的总结和比对是非常必要的。

（1）评述类题目总结：评述类（是什么——为什么——带来什么）

①结合材料二、三，评述中国近代思想发展的特征。

②评析康有为“振兴画学”救国的主张。

②根据材料并结合所学知识，评析西方的“霸道”文化和东方的“王道”文化。（12 分）

（2）观点类题目总结

1）观点大于一（观点分别是什么——表态——论证（顺着说）—结语）（表态说“我赞同……”）

①评述材料中关于西方崛起的观点。

②有人据上表内容得出的历史结论是王朝更替是简单的重复，而有人则认为是螺旋式上升。评论关于王朝更替的两种观点。

（要求：围绕材料中的观点展开评论，观点明确，史论结合。）

2）观点只有一个：表态——论证（顺着说——结语）

①作者认为英国工人喝加糖红茶的习俗“其历史意义甚至足以和发明蒸汽机相提并论”，试对这一观点加以评析。

②根据材料并结合所学知识，评析“冲击——反应”模式。

（要求：对该模式赞成、反对或另有观点均可，观点明确；运用材料中

的史实进行评析，史论结合）

3）此类观点题不用表态

①结合材料一与所学知识，分析作者对“近代中国开端”这一问题所持的观点。

②概括并说明材料中有关清朝覆亡的观点。

③以鲁迅先生文学作品《狂人日记》（发表于1918年）为例，说明材料三的观点。

3．不断总结主观题提分技巧

主观题能大幅度拉分，就看你如何利用、如何反思，所以，考前几十天要想尽一切办法，用尽一切智慧，努力做到审题过硬、步骤过关、基础扎实、材料得力、得分高高。以下是我的一个学生在某次测试出现大的失误之后总结的历史主观题答题技巧，大家可以作为参考。

主观题提分技巧总结

	问题	答案
作用（积极作用＋局限） 意义（积极＋消极）	说明监察制度的作用	①有利于中央集权……官员清廉…… ②专制主义的本质决定了其实际效能有限
前因后果类，多角度 ①政治、经济、文化（常用） ②军事、对外、社会、教育（材料中有明显提示） ③涉及一些特殊角度（如民族关系：对中央，对民族，对国家）	分析改土归流的意义	此处即为特殊角度→民族关系 ①有利于加强中央对地方…… ②有利于边地开发…… ③有利于统一多民族国家……

分析两者的区别 （不管上一问是否问到了其中一方的特点，尽可能把双方都写出来）	分析中国与西方监察制度的区别	
分析变化 （一定要点明由……到……，或者分阶段概括）	分析德才观的变化	
评述特征 （是什么——为什么——带来……影响）	评述近代民主思想变化的特征	①首先点明特征是什么 ②结合近代的社会民主思想变化的特征 ③以保证的角度分析影响
评述观点 （概括——表态——论证——结论）	在关于西方近代社会发展的观点中任选其一评价	①首先选择一种观点并概括其主要内容 ②进行表态，赞成或否定 ③史实论证→一定要注重利用史实，不可只摆道理 ④最后用一句话概括
联系或结合说明 （一定要先将联系的内容结合起来）	联系明清以来的社会发展趋势，分析产生这些思想的原则	两种答案模式 第一种： ①趋势（1）（2）（3） ②其他原因 第二种： ①趋势＋它成为原因的分析 ②其他原因

4. 对比答案

最好留存试题的参考答案和自己做的主观答案原件以便于对比分析。

总之，改错是留给以后的自己看的，不要为了应付老师，毁掉每次改错应有的提升机会，好成绩都是平时一点一点积累出来的。同学们在后期一定不要在习题上贪多求快，要记得经常回头看看，精准适度的习题训练加上不断地总结反思，才能促使自己的历史素养和历史思维提升一个新台阶，才能适应不断求新求异的高考试题，从而在后期取得一个新的突破。

地　理

第一部分
基础知识篇

刘立敏，地理中心教研室主任，高级教师，任教 20 年
周媛，高一地理研课主任，一级教师，任教 9 年
陈敏，一级教师，任教 11 年
尚美，一级教师，任教 6 年

★细研知识点：巧记基础知识，区别易混知识，突破重点难点

1. 基础知识点

地理是中学的一门重要基础课程，由于它兼有自然学科和社会学科的性质，所以其学习既不同于物理、化学、生物等理科课程，又与政治、历史等文科课程有很大的区别。高考中对地理的考查，仍然是以主干知识为基准的，所以学生在学习的过程中，必须要熟练掌握考试大纲所要求的所有主干知识。

（1）提前预习

自己先结合学案独立地阅读新课内容，做到初步理解，做好上课的准备。预习要做到：

①通览教材，初步理解教材的基本内容和思路。

②完成相应的学案内容，及时理解和梳理知识。

③预习时如发现与新课相联系的旧知识掌握得不好，则查阅和补习旧知识，给学习新知识打好牢固的基础。

④在阅读新内容过程中，要注意自己对重、难点知识的理解程度，做好

记录，上课才能更有的放矢。

（2）紧抓课堂

课堂是同学们掌握知识、发展能力的决定性一环，是最重要的阵地。要做到：

①课前准备好上课所需的各种资料，并抓紧时间简要回忆和复习上节课所学的内容。

②上课时要集中精力听讲，紧紧抓住老师的思路，注意老师叙述问题的逻辑性、问题是怎样提出来的，以及分析问题和解决问题的方法步骤。

③如果遇到某一个问题或某个问题的一个环节没有听懂，不要在课堂上“钻牛角尖”，而要先记下来，接着往下听，不懂的问题课后再去钻研或向老师请教。

④要养成记笔记的好习惯，地理主干知识有如参天大树，但这棵参天大树是枝繁叶茂的，所以很多相对细碎的知识点需要学生们在课堂上及时记下来。

（3）课后反思

一个拥有良好的学习习惯的学生，必须要开辟另一个阵地，就是反思积累本。积累本至少包含三项内容。

第一项，知识框架整理。

在每学完一个章节就要做这个工作，这样才能做到心中有“树”。

第二项，错题反思整理。

不要小看你出错的地方，那就是你的问题所在。每套题都要拿出几组习题来做重点剖析，剖析自己的错因，出题者意图，考查到哪些知识点，本题目的突破口是什么，并做好类似的题目归并，做到改一道题能掌握一类题的效果。

第三项，整理绘制地理图表。

地理是无图不成题的，地图是地理知识的载体和学习地理最重要的工具，运用地图记忆地理知识是最准确、最牢固、最有效的记忆方法。地理内容纷繁复杂，但绝大部分的地理知识都源于它在相关图上的位置。学习时也要做到看书与看图相结合，将地理知识逐一在图上查找落实、熟记；平时要多看地图（还可以填图、绘图），“图不离手”，每次看图的时间不宜太长，但要坚持经常看，把地图印在脑子里并能在图上再现知识。这样，当我们解答地理问题时，头脑中就能浮现出一幅形象、清晰的地图。所以在积累本上，更要做好各类图表的绘制和整理。

（4）自主提升

高中地理更注重地理要素的因果关系、优劣评价及发展方向，因此注意以下细节：

①建立完整的要素框架有益于知识的记忆

地理要素分为自然要素与社会经济要素，自然要素主要包括地形、气候、水文、土壤、植被，社会经济要素主要包括资源、能源、农业、工业、交通、商业贸易、旅游、人口、民族、城市、市场、科技等。

②复习过程中重点关注地理各要素之间的影响关系

如地形如何影响气候、气候如何影响水文、水文如何影响地形、自然条件如何影响经济活动、人口的变化受哪些地理因素影响。

③多总结各地理要素变化对人类的影响（有利与不利）

人类发展中应该如何尽量克服不利因素，发挥有利影响（可持续发展观）。

（5）知识记忆过程注意事项

①毅力与决心最关键

②多进行归类、对比

例如，复习中国北方地区的时候，不要只记忆零碎的知识点，而要将北方的各种自然、人文背景知识做系统记忆，而且可以将北方与我国另外三个地理区域做个对比，如果能总结出表格式的内容纲要最好。世界知识同理。

③有效使用教材术语

知识记忆过程中，注意课本教材描述中使用的专业术语。在答题过程中，如果有效使用教材术语，能够起到事半功倍的效果。

④建立空间、时间概念

地理要素均存在一个时空变化的问题，因此记忆过程中头脑中一定要有清晰的时空概念，最基本的方式就是结合地图记忆。

⑤及时进行习题巩固

现在的高考中，许多解题的信息都或明或暗地储存在题目中的文字、图表等资料中，一定要善于信息的提取和加工，这方面一要靠知识的熟练度和理解深度，二要靠勤加练习即多做题进行巩固。

2. 易混知识点

文科科目的学习经常会遇到很多概念性问题。作为学科基础，如果概念辨别不清，容易导致审题偏差，最终在考场上失分。在高考地理复习中，有的同学常会对许多内涵和外延较接近的概念没有明确理解，没能区别开，致使答题时常出现混淆、互为代用的现象。为了在复习时能确切掌握并区分，应该采取以下方法。

（1）明晰概念，注重对比

例如，光照和热量这两个概念学生一直比较模糊，答题时会出现互相代用情况，致使结论出现偏差。先总结其概念。

1）光照

主要是直接来自太阳辐射的能量，通常太阳高度角越大，晴天多日照时数越长光照越充足，光照能量大小由太阳辐射能和日照时数来衡量。

2）热量资源

是指某一地区在特定的气候条件下所能提供的热量，它是太阳辐射和地表、大气各种物理过程的综合结果。

3）对比举例

赤道地区的热量条件好，但是由于受赤道低气压带的控制，降水比较多，所以光照条件不如副热带地区。

①我国青藏高原地区的光照条件好，但是由于地势比较高，空气稀薄，对地面辐射的吸收能力弱，保温效应也弱，所以成为夏季温度最低的地方。

②四川盆地地区，由于纬度低，热量条件好，但是由于常年多阴雨天气，大气的削弱作用强，所以光照条件差。

（2）辨析内涵外延，全面理解

1）影响因素——光照

①一地区的光照主要取决于日照时间。

A. 日照时数与昼夜长短有关

以北半球夏半年为例，北半球纬度越高的地方白昼越长，日照时数就越多。

B. 日照强度与大气的削弱作用有关

a. 降水越少的地区，削弱越少，光照越强。

b. 海拔越高的地区空气越稀薄，削弱越少，光照越强。

c. 纬度越低的地区，太阳高度角越大，通过大气的路程越短，削弱越少，光照越强。

综上所述，光照主要与天气状况、海拔、纬度和昼夜长短相关。

②对环境的影响

一般光照充足，农作物光合作用强，单产高，品质好。

比如新疆长绒棉、青藏高原上青稞产量高，新疆地区的瓜果品质非常好。

2）影响因素——热量

①一地区的热量主要取决于纬度位置

A. 一般来说，纬度低，地面获得的太阳辐射能量多、热量高。

B. 纬度高，地面获得的太阳辐射能量少、热量低。

从热量角度来讲，衡量大气热状况的是气温，而影响气温的因素主要有太阳辐射、下垫面状况、大气本身条件。

②对环境的影响

关于热量最直观的描述就是温度，对农业的影响用无霜期和积温来衡量，直接影响农业的种植制度，特别是作物熟制。

还有很多容易混淆的概念，需要如上自主整理。例如，积温和无霜期，自然资源、能源资源、矿产资源，震级和烈度，环境问题和自然灾害，气候和天气，水系特征、水文特性，地质构造与构造地貌等。

3. 重难点突破

（1）注重知识之间的逻辑关系

旧知识在新的指导思想下，经过重新组合、归纳、联系、迁移，就成为“有组织的”新知识。要构建自己的知识网络。

（2）重视图表资料的解读和运用

图图叠加，图像变式。要掌握阅读各类图表的基本方法，善于分析各种地理信息与题目要求之间的联系，寻找答题的共性、规律与策略，通过图表现象、直观构建知识的前后联系、相互关系。

（3）注意应用

通过分析每个专题内的重点知识和方法，找出答题中存在的问题。如果问题比较严重，可回归课本复习相关内容，并通过练习进行强化，或换个角度进行学习，最终达到提高信息获取能力、问题建模能力和语言表达能力。

（4）回归课本教材，进行综合训练

自己觉得不熟悉的、不能够理解的内容、平时遗漏的知识、不被重视的知识，要认真看书加以记忆和理解。有针对性地选择一定量的习题进行训练，主要针对自身的薄弱之处，这不仅可以消除薄弱环节，也可以及时巩固基础知识，培养审题的技能，强化答题的技巧，提高语言的表达能力等。要对模拟试题中的一些错误进行深入分析，剖析命题意图、确定解题思路与关键，掌握一些应考策略，总结各种题型的解题方法。

4．巧记知识点

（1）类似联想记忆法

1）举例

根据地理事物之间在性质、成因、规律等方面有类似之处而建立起来的记忆方法。

2）举例

通过类似联想有助于我们发现地理事物的共性，强化记忆。

3）举例

如温带季风气候区和温带海洋气候区内的自然带均为温带落叶阔叶林带。俄罗斯和加拿大纬度位置相似，主要的自然带是亚寒带针叶林带。地中海周围气候特点是冬雨夏干。因地处 30° ~ 40° N 的大陆西岸冬季受西风影响，夏季在副热带高压控制下，那么可知，凡在这样条件下，就具有冬雨夏干地中海式气候。因为地形条件导致该地的环境具有独特性。例如，东非高原形成热带草原气候，巴塔哥尼亚高原形成温带大陆性气候。马达加斯加岛东部地区、澳大利亚东北部、巴西东南部和中美洲东部形成的非地带性的热带雨林气候，原因是信风的迎风坡，并且沿岸有暖流经过。

（2）对比联想记忆法

1）定义

是指根据地理事物之间具有明显对立性特点加以联想的记忆方法。

2）好处

通过对比联想，有助于我们比较地理事物的差异性，掌握各自的特性，增强记忆。

3）举例

如气旋和反气旋是大气中最常见的运动形式，其气压分布状况、气流状况、天气状况都相反，学习时，只需精记一种即可。冷锋和暖锋也是类似的情况。

（3）从属联想记忆法

1）定义

根据地理事物之间因果、从属、并列等关系增强知识凝聚的联想记忆方法。

2）好处

通过关系联想，引导思考、理解地理知识彼此之间的关系，使思考问题有明确的方向，地理知识因此多而不杂，杂而不乱，有规律可循。

3）举例

①因果关系

地理自转→地转偏向力→盛行风向→洋流的流向；

②从属关系

总星系→银河系→太阳系→地月系；

③并列关系

风化作用→侵蚀作用→搬运作用→沉积作用→固结成岩作用。

（4）聚散联想记忆法

1）定义

指运用聚合思维对一定数量的知识通过联想，按照一定的规律组合到一起或运用发散思维对同一地理知识从多方面进行联系的记忆方法，包括聚合联想记忆法和发散联想记忆法，互为逆过程。

2）好处

运用聚散联想记忆法有助于学习时举一反三、触类旁通、扩大思路，建立地理知识的“联想集团”。

3）举例

如有关赤道的知识，可运用发散思维从下列各点进行说明，反之，运用聚合思维可以说明下述所指纬线都是赤道。

①地理上最长的纬线

②纬度最低的纬线

③距南北两极距离相等的纬线

④南、北半球的分界线

⑤南北纬度划分的起始线

⑥地转偏向力为零的纬线

⑦仰望北极星仰角为零的纬线

⑧全年昼夜平分的纬线

⑨地理自转线速度最大的纬线

（5）形象联想记忆法

1）定义

是把所需要记忆的材料同某种具体的事物、数字、字母、汉字或几何图形等联系起来，借助形象思维加以记忆。

2）好处

形象联想既有利于激发兴趣、调动学习的积极性，又有利于加深记忆。

3）举例

如新疆的地形特征可与新疆的“疆”的右半部分联系起来，“三横”表示三山即阿尔泰山、天山和昆仑山：“两田”表示两大盆地即准噶尔盆地和塔里木盆地。

又如意大利的轮廓图像高跟靴子。

★构建知识网：分为链条、树枝、发散、对比、网络、图形式

如何让学生更好地识记知识，掌握各知识间的内在联系，这就需要进行

系统整理，头脑中要有一条明确的思维线路，通过这条线索把琐碎的地理知识串联起来，就会觉得学习是有规律的，各知识间是有明确联系的，具体而言，地理知识类别不同，各有不同的联系方式。

1. 链条式

具有一定因果关系的知识点，如热力环流的相应知识可以采用这种方式进行复习：

太阳辐射导致地表冷热不均→大气的垂直运动→同一平面出现气压差→空气的水平运动（风）→热力环流。

2. 树枝式

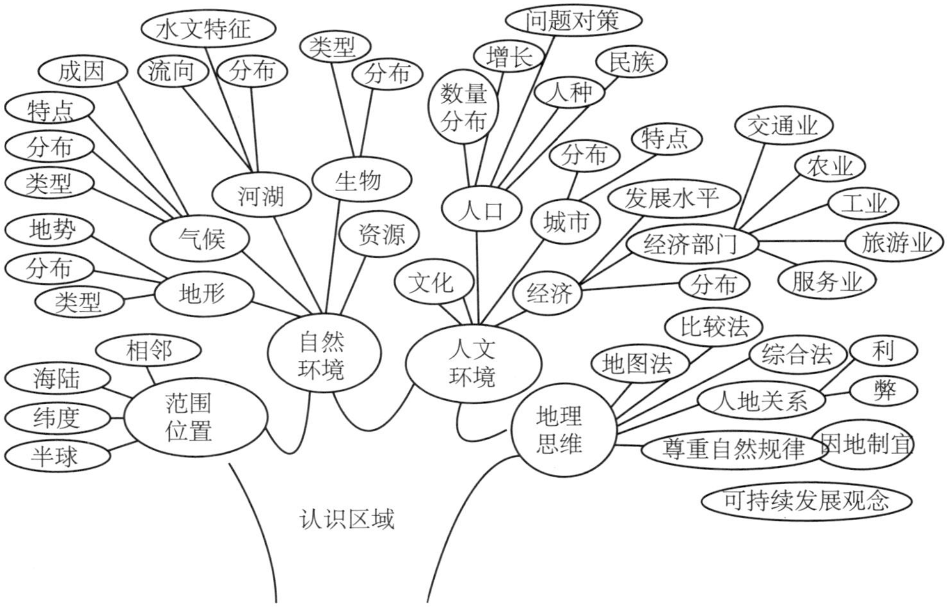

世界区域众多，在学习过程中若没有一定的思路和方法就会耗时多而收效甚微。在初中地理的学习过程中，我们知道任何区域的内容都几乎如下图所示，但是它们之间到底有哪些联系还要结合按照这种思路，通过学其一就会掌握其他区域的学习方法。

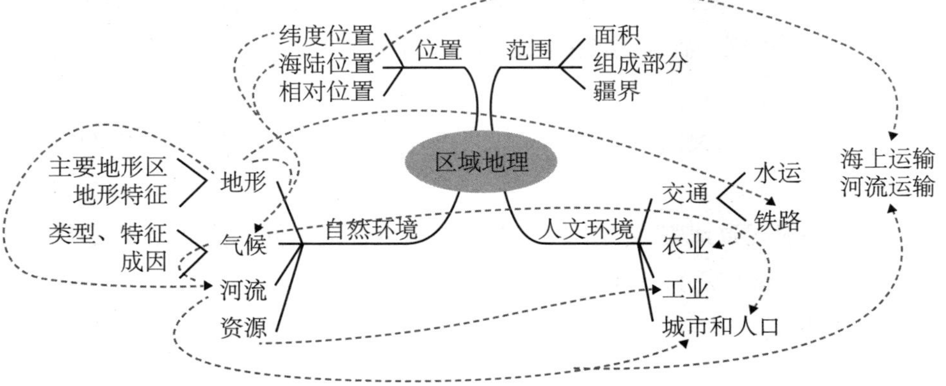

纬度位置
海陆位置
相对位置
位置
范围
面积
组成部分
疆界
区域地理
海上运输
河流运输
主要地形区
地形特征
地形
类型、特征
成因
气候
河流
资源
自然环境
人文环境
交通
水运
铁路
农业
工业
城市和人口

3．发散式

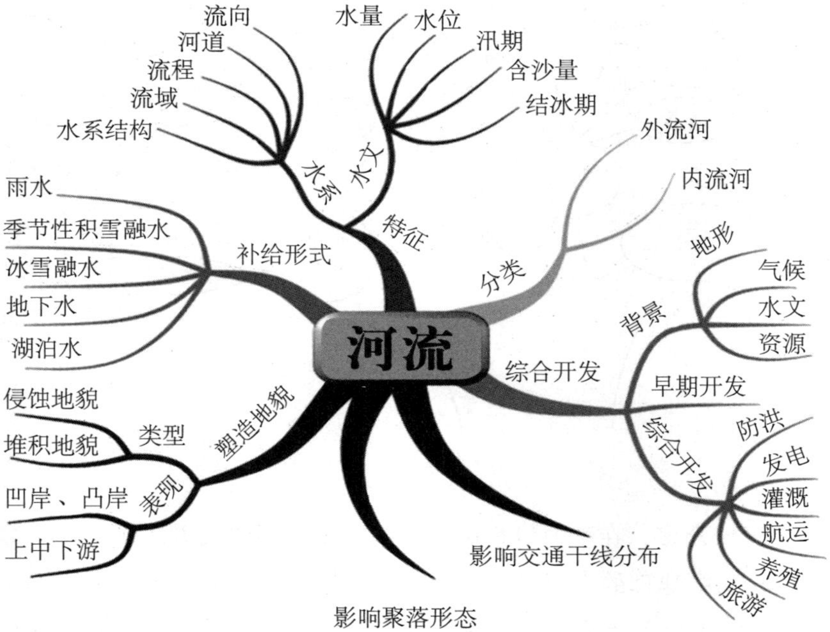

河流
流向
河道
流程
流域
水系结构
水系
水量
水位
汛期
含沙量
结冰期
水文
特征
外流河
内流河
分类
雨水
季节性积雪融水
冰雪融水
地下水
湖泊水
补给形式
地形
气候
水文
资源
背景
早期开发
综合开发
防洪
发电
灌溉
航运
养殖
旅游
综合开发
侵蚀地貌
堆积地貌
类型
凹岸、凸岸
上中下游
表现
塑造地貌
影响交通干线分布
影响聚落形态

地理有很多关键词，如季节、气候、风、水文、河流等，经常提到某词就会想到很多知识，如说到河流我们就会想到曾学过的水文、水系特征、河流补给、分类、开发治理等。高考中也经常出现关于某一点的考查，针对这种情况，我们不妨平时做如下整理，考前复习回顾，就不会出现答题漏点或是想不起来等情况。

4. 对比式

对于一些对比性很强的知识如气旋和反气旋、冷锋和暖锋、寒流和暖流等这些知识点可以采取列表对比或画图对比的方式，如气候和自然带，采用如下方式，可以很明显看出二者的分布规律、区别与联系等。

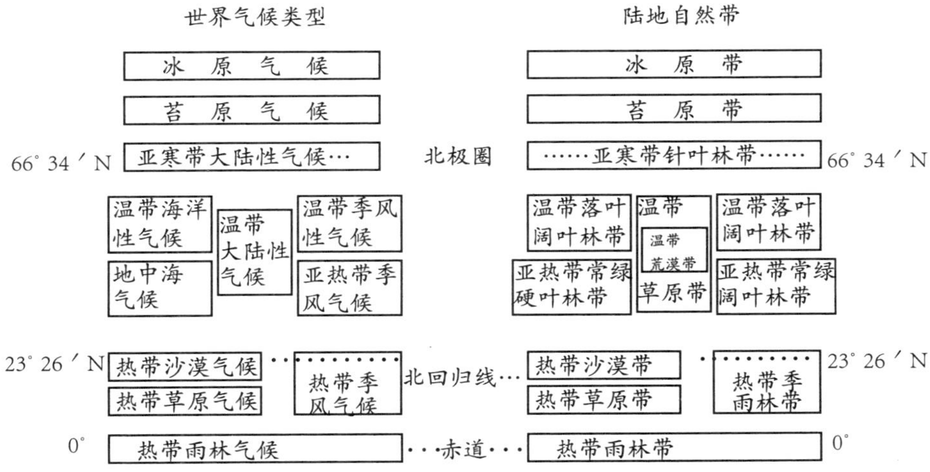

5. 网络式

在学习某一知识点或某一章节或某一模块时，我们可以采用网络式，通过这种方式，可以对教材、对某一知识点能够全面把握做到无遗漏，如大气运动的复习时可以采取如下形式进行整理。

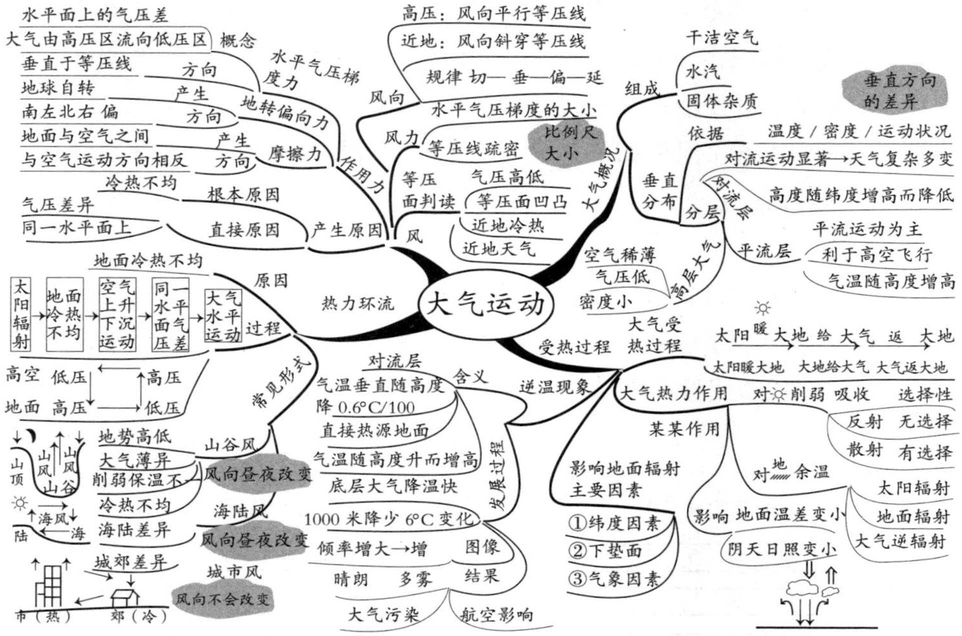

6. 图形式

对于一些不容易掌握的区域或事物，我们可以画示意图或简笔画来增强对事物的认识。如世界重要海峡可以采用如下形式。

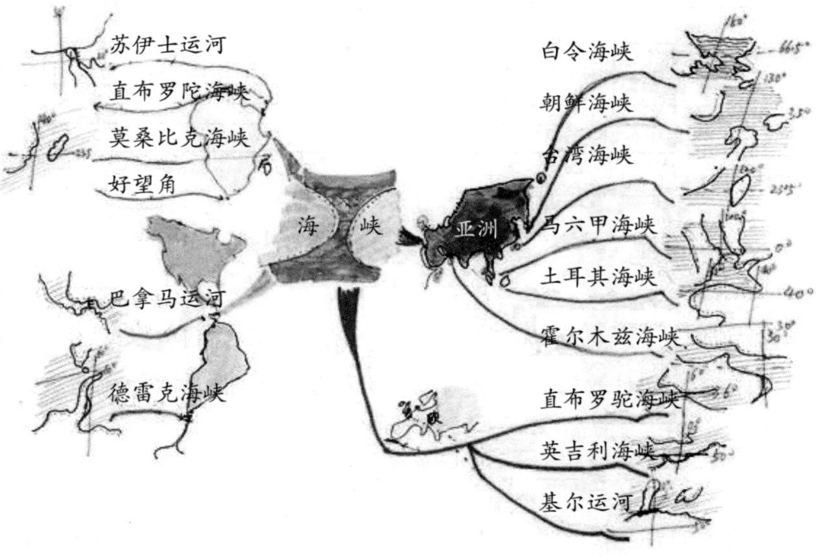

总之，通过不同形式知识网的构建，能够找出知识间本质的、内在的联系，节约大量的记忆时间，能够养成自觉分析地理事物内在联系的习惯，提高分析问题的能力，掌握学习知识的方法。

★巧用地理图：图是地理的灵魂所在

图是地理的灵魂所在，空间性、区域性是地理学科的显著特点，高考中几乎无图不成题。在全国高考考试大纲的考核目标与要求中，四大能力之一的获取和解读地理信息中明确提出，能够快速、全面、准确地获取图形语言形式的地理信息，包括判读和分析各种地理图表所承载的信息。因此，得图者得地理高考。

1. 读图方法

等值线一直是高考的重难点，在等高线的学习过程最好是先学习绘图，知道等高线是怎么画出来的，这样就知道为什么要有等高线。不同的高程能不能标在一个地方。通过绘图读懂的等值线要比只是读图效果要好得多。这就是地理的语言，没有这个语言高考第一关都过不了。

案例一：单坐标单曲线图

下图是北半球亚热带某地降水量逐月累计曲线图，该地水循环最活跃的季节是（ D ）

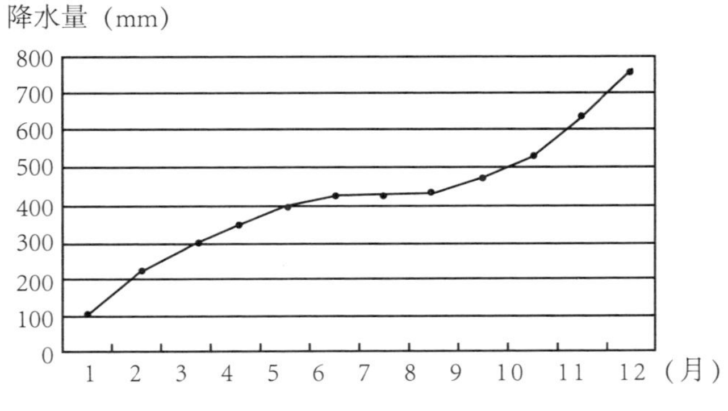

A. 春季

B. 夏季

C. 秋季

D. 冬季

【解析】

此图看似简单，但巧妙在纵坐标是逐月累计的数值。

（1）读轴

明确横轴表示时间，纵轴表示降水量；

（2）看线

根据图表降水量的逐月累计曲线变化图分析：某月降水较多，曲线的变化幅度越大，即斜率越大；

（3）抓点

1 月降水量 100mm，该段曲线斜率大；7 月降水量小，该段曲线斜率小。所以该地地区冬季降水量大，水循环活跃。本题选择 D。

案例二：多坐标多曲线图

看似复杂的图，读图时一定要牢记各自的曲线对应各自的纵坐标，便可化繁为简。

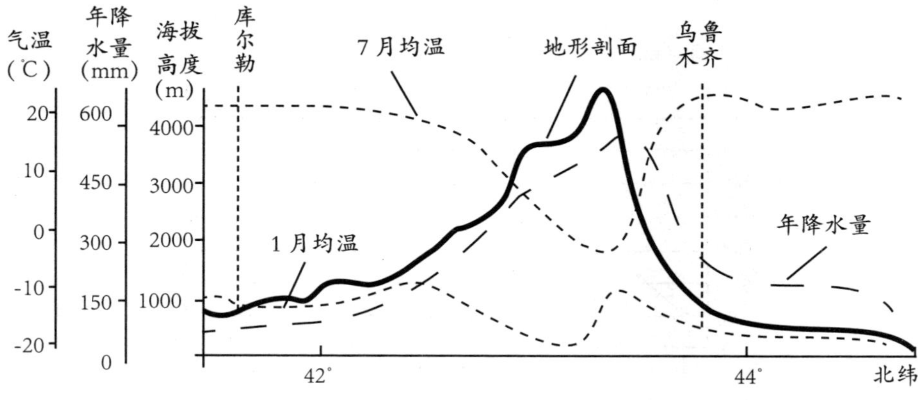

2．读图技巧

如图等值线的“V”处 a 等于 8，“V”处的周边如 b 处在 8 和 9 之间，即 b ＞ a，图中“V”凸向数值大的一侧，即“凸高为低”。在此一定要明确“高、低”指的是等值线数值的大小，以免在等压面中出现误解。在等压面中“上凸高压，下凹低压”，上指高空，气压低，下指近地面，气压高，同样符合等值线“凸高为低，凸低为高”的规律。

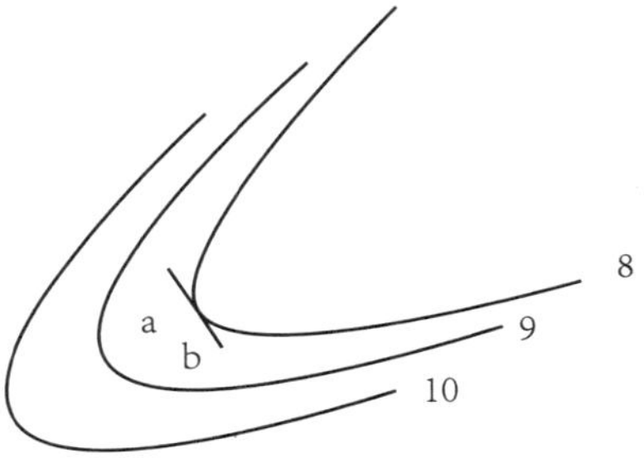

3．如何识记

案例一：雨带的推移规律

夏季风与我国的旱涝灾害之间的关系：可以更深刻地解读我国一些谚语。我国古老的气候谚语源远流长，是劳动人民在实践中总结出来的智慧结晶。如“处暑有雨十八江，处暑无雨干断江”（处暑节气在每年 8 月 23 日左右）。

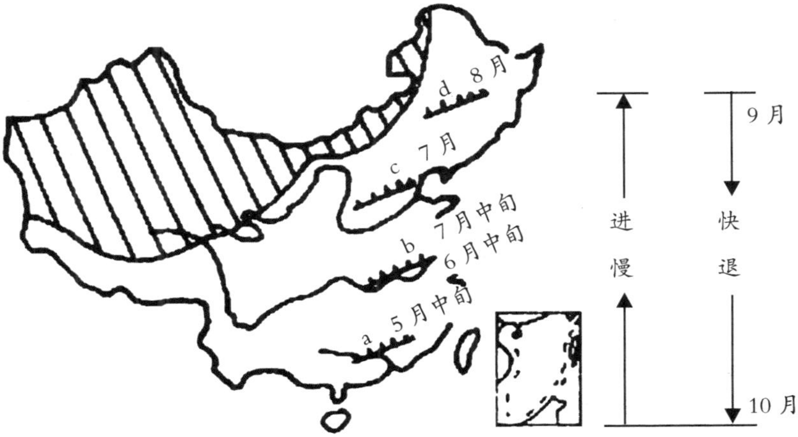

案例二：澳大利亚北部的风向及成因

澳大利亚北部的风向同东亚的季风风向在时间上是相同的，即 1 月都以西北风为主， 7 月都以东南风为主。成因主要由海陆热力性质差异和气压带风带随季节的移动形成的。

1 月

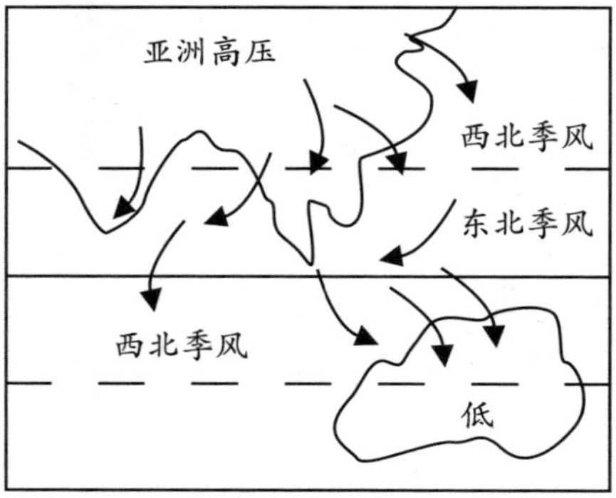

7 月

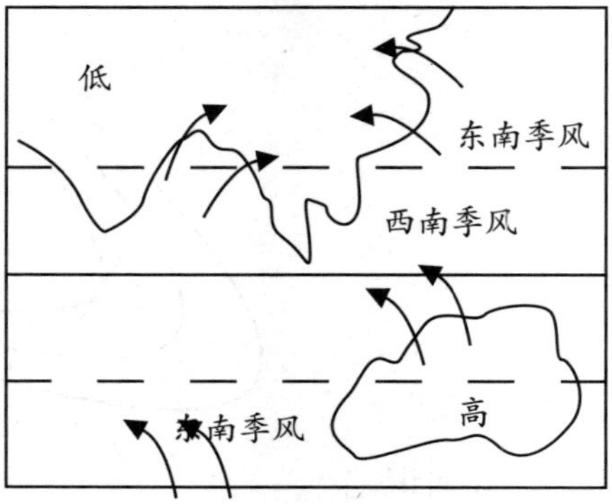

4．鱼牛理论

德国的“鱼牛”童话，说的是一个小池塘里住着鱼和青蛙，它们是一对好朋友，听说外面的世界很精彩，都想出去看看。由于鱼不能离开水而生活，只好让青蛙独自走了。这天，青蛙回来了，鱼迫不及待地向它询问外面的情况。青蛙告诉鱼，外面有很多新奇有趣的东西。“比如说牛吧，”青蛙说，“这真是一种奇怪的动物，它的身体很大，头上长着两个犄角，吃青草为生，身上有着黑白相间的斑点，长着四只粗壮的腿，还有大大的乳房。”鱼惊叫道：“哇，好怪哟！”同时脑海里立即勾画出它心目中“牛”的形象：一个大大的鱼身子，头上长着两个犄角，嘴里吃着青草。

联想地图，也可以说以图释文，有三个能力要求：

一要能够根据图像和图表叙述地理事物和地理现象；

二要能够根据图像和图表进行分析，得出有规律性的知识；

三要能够把图像中有联系的事物，经过分析加以归纳和总结，并在此基础上进一步联系实际进行思考，得出正确的结论，以避免出现错误的鱼心目中的“牛”的形象。

（2015·新课标Ⅰ）下图示意在黄河三角洲近岸海域的某监测剖面上，不同年份水深2米的位置与监测起始点的距离。起始点是位于海岸一侧的固定点。读图，完成下题。

1975—2004年，该剖面近岸海域海底侵蚀、淤积的变化趋势是（D ）

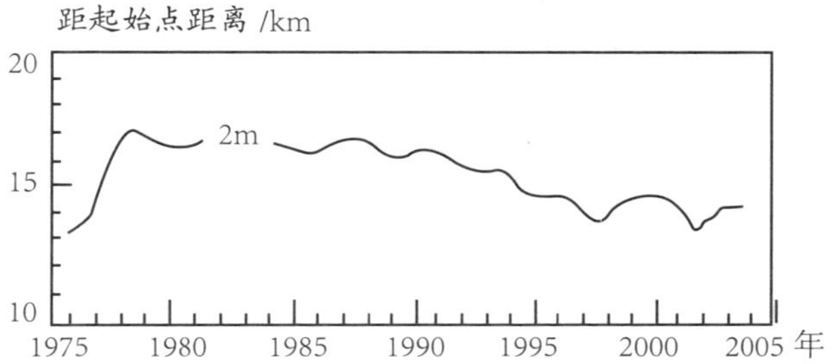

A. 持续淤积

B. 先侵蚀、后淤积

C. 持续侵蚀

D. 先淤积、后侵蚀

【解析】

监测起始点的位置不变，水深 2 米处距起始点越近，说明水多沉积物少，侵蚀作用强，如下图中 a；水深 2 米处距起始点越远，说明水少沉积物较多，沉积作用强，如下图中 b。

题中 1975—1978 年距起始点距离变远，如图中 b；1978 年以后距起始点距离变近，如图中 a，即先淤积后侵蚀。

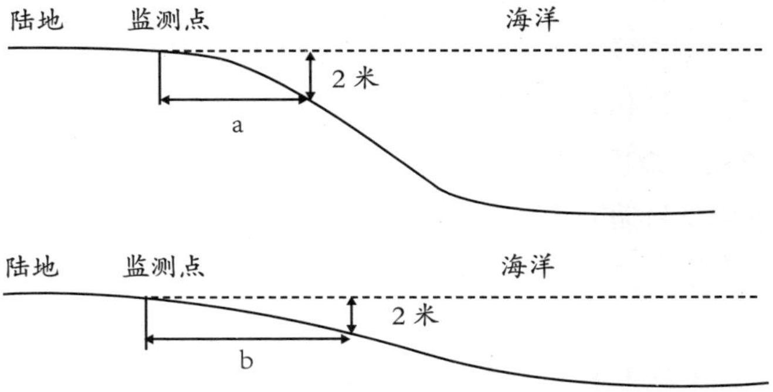

★知识与生活：考点离不开衣食住行

1. 衣

（1）服饰与当地作物产出相关

中国是丝绸之国，尤以苏、浙一带的丝绸甚为有名。桑蚕适宜生长在亚热带地区，苏、浙地区，珠江三角洲地区是我国重要的蚕丝产地。在太阳光照好的新疆地区是我国长绒棉的最重要产区，重要产区还有黄河流域棉区、长江流域棉区等地区。人们普遍喜好棉质衣物。在我国内蒙古、西北牧区，人们喜爱羊毛衫和皮衣，原料主要源于我国西部牧区盛产的羊毛和各种皮革。东北地区的赫哲族，由于久居江原野以捕鱼为生，穿的是鱼皮长衫，脚下踩鱼皮靰鞡（wula）。

（2）服饰与气候有关

很多高考题中会涉及对不同民族服饰的考查，其实是对当地的气候、背景及其考查。

例如，福建惠安女的服饰、云南十八怪中的“草鞋”……

福建惠安县，惠安女是一个特殊的族群，她们以奇特的服饰、奇异的婚俗闻名海内外。人们把她们的花头巾、短上衣、银腰带、大筒裤，戏称为“封建头，节约衫，民主肚，浪费裤”。如右下图。惠安地区男人长期在外捕鱼、打工，女人在家从事副业和农业，惠安女奇特服饰是千百年劳动的结果。

问题：结合当地的地理环境，回答惠安女“封建头，节约衫，民主肚，浪费裤”服饰特点的好处。

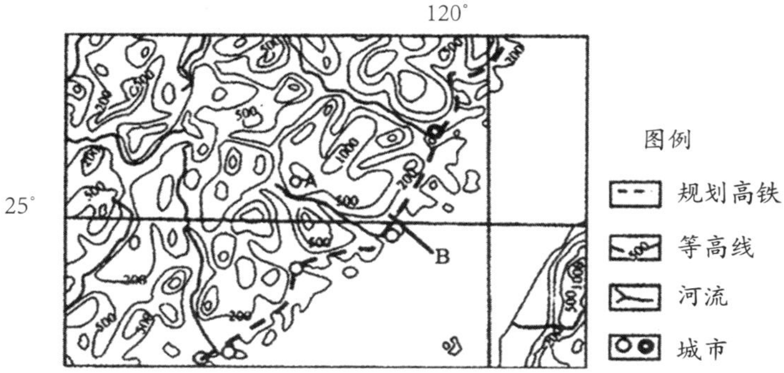

【答案】

①“封建头”

地处沿海地区，惠安女在海边劳动，戴斗笠围巾可以遮挡风沙、防日晒。

②“节约衫、民主肚”

纬度低，温度高，短衫凉爽；短衫便于劳作，挑石、补网都很方便，又可避免劳作时弄脏衣襟衣袖。

③“浪费裤”

宽裤便于涉海，打湿易干。

【解析】

传统民俗往往体现了当地独特的自然地理环境。从以上材料和图片中可得知该地为“福建”“海边”，惠安女其实是常年在海边劳作的“渔家女”。综合以上信息，又可推断渔家女在海边劳作时为减少风吹日晒而戴斗笠围巾；该地所处亚热带地区,气温高,其衣衫以短打为主,除了凉爽之外,还便于劳作;长期在海边劳作，与海水打交道势必会被潮水打湿衣裤，故其穿宽大的衣裤在被海水打湿后极易被海风吹干。同样案例还有：

地区	服饰特色	原因
热带地区	只有一季（夏季）短打服装	气候炎热
炎热干旱地区	白色长袍	抵挡强太阳辐射
青藏高原	半身皮袍	高原气温日变化大
中国西南地区	紧身、轻巧、无领、绑腿	气候炎热、潮湿、山地多
中国东北地区	多毛皮制品	气候寒冷，野生动物多

2. 食

高考题通过对各地区饮食结构的不同考查当地的水热条件差异、土壤、气候的差异。

从主食结构上看，由于水热条件的不同，我国北方以种植小麦为主，南方以种植水稻为主，故形成了“北面南米”的格局。另外中国“八大菜系”的烹调技艺各具特色，素有“南甜北咸，东辣西酸”之说，它的形成也与地理环境有关。

我国北方地处暖温带，冬季寒冷干燥，夏季高温多雨，气温年较差大，冬季蔬菜非常少，北方人便把菜腌制起来慢慢“享用”，这样一来，北方大多数人也就养成了吃咸的习惯。

南方多雨，热量充足，蔬菜一年几熟，产量大，且南方盛产甘蔗，比起北方来，南方人被糖类“包围”，自然也就养成了吃甜的习惯。

山西人能吃醋，可谓“西酸”之首。原因是黄土高原及其周边地区的水土中含有大量的钙，因而他们的食物中钙的含量也相应较多。这样，通过饮食，易在体内引起钙质淀积，形成结石。这一带的劳动人民，经过长期的实践经验，发现多吃酸性食物有利于减少结石等疾病，慢慢地他们也就渐渐养成了爱吃酸的习惯。

“贵州人不怕辣、湖南人辣不怕，四川人怕不辣”，喜辣的食俗多与气候潮湿的地理环境有关。四川地处盆地，潮湿多雾，一年四季少见太阳，潮湿的气候导致人身体表面湿度与空气饱和湿度相当，难以排出汗液，会令人感到烦闷不安，时间久了，还易使人患风湿寒邪、脾胃虚弱等病症。吃辣椒能使浑身出汗，汗液当然能轻而易举地排出，经常吃辣可以驱寒祛湿，养脾健胃，对健康极为有利。

3．住

（1）传统民居

传统民居的样式、材料大多受当地自然、地理条件的影响。

①北美因纽特人用冰块做外墙，具有极强的保暖作用。

②草原上的牧民为适应游牧的需要通常居住在搭卸方便的蒙古包里。

③黄土高原的居民利用黄土直立性好的特点开凿窑洞来居住。

④西南炎热的少数民族地区在湿热的气候条件下建造竹楼，主要是为了适应潮湿、炎热、蚊虫多等自然条件。

图 3 骑楼

图 4 合掌造

图 5 宁夏民居

【答案】

图 3，我国东南沿海如厦门、汕头及台湾一带的骑楼，往往从二楼起向街

心方向延伸到人行道上。因该地气候炎热、降水多，不利于行人出行。骑楼建设主要目的是便于行人避雨、遮阳。

（考点：气候）

图4，“合掌造”是日本的一种木造建筑物，其屋顶以茅草覆盖。该建筑最大的特点是屋顶厚且陡，以便适应当地冬季暴雪、地震频发的地理环境。日本海沿岸有著名的“豪雪地带”，冬季降雪量大，将房屋顶部建造得非常陡，可以在暴雪时屋顶不会因大雪累积而压垮房屋；而此“合掌”型构造，从力学上分析属于相对坚固的构造格局，日本地处环太平洋地震带，地震频繁，此类建筑可有效减轻地震对房屋的损坏。

（考点：气候、地质）

图5，宁夏民居多为生土筑成，房屋厚度大，房顶坡度小，房子北面无窗，南面开窗大。该类建筑房顶坡度小体现了当地气温低、降水少、风沙多、昼夜温差大的气候特点。用生土（腐殖质少的土壤）作为建筑材料，说明当地植被较少。

（考点：气候、植被）

【解析】

此类问题的考查，多是分析该建筑背后的地理环境，涉及了土壤、地形、生物、气候、水源等多个因素。在答题时注意几个步骤：

①区域认知（区域定位与分析）

②识象（区域属性与特殊性质）

③析因（出现此类地理事物的原因）

④表达（用正确的地理语言表达）

（2）野外宿营

高考题中越来越倾向于对学生综合实践能力的考查。

1）常考点

在野外露宿、搭建帐篷的选址、如何应对野外自然灾害为常考点。此类考点往往和等高线判读、地理生活常识等知识能力一并考查。

甲、乙、丙、丁四个宿营地点可供选择，依据所学知识，你认为选择哪个地点宿营较为合适？试分析说明选择的理由。

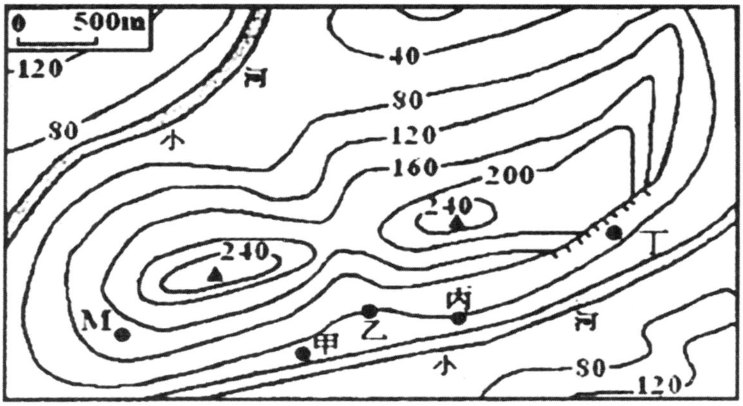

【答案】

选择丙地宿营较为合适。理由：

夏季易发洪水，甲地离河边太近，有危险；

乙地处于谷口，是暂时性洪流必经之地，有危险；

丁地处于陡崖之下，可能有落石或崩塌，有危险；

丙地避开了山谷（洪水）、河边（洪水）和陡崖（落石和崩塌），相对两侧地势较高，到河边距离适中，相对安全。

【解析】

根据图中等高线的分布情况判断，乙地是谷口，丁地处陡崖之下，甲地距离河边太近。该题利用等高线判读出各地的地形特点后进而进行推理。

2）理想的野外露宿地点

①理想的野外露宿地点应该是可以防风防雨、山洪淹不着的较高处，而且此地不会受到落石或雪崩的威胁。

②尽量避免深谷，因谷底常有冷空气聚集，气温较低时，很容易形成湿雾和霜冻。在某些区域，沿着山坡有许多接纳雨水的平台，那里比较潮湿。

山坡其他部分则相对干燥一些。

③应该找到河岸上洪水最大流量所能达到的高度——山区小溪在暴雨之后几分钟内即可变成湍湍急流，一小时内水位可以升高五米。在平阔之地，洪水甚至会超出河道。

④理想的地点还应离水源较近，附近有充足可利用的林木。

⑤别把帐篷搭建在与水源过分靠近的地方，那样极易受到蚊虫的骚扰，而且流水声会干扰判断，危险将至也不会察觉，或者与救援队失之交臂。

3）不适宜搭建帐篷的地方

①有风的山顶（向山下移动，寻找背风场所）。

②谷底和深不可测的山洞——相当潮湿，若白天天气很晴朗，夜间可能会有霜。

③山腰平地——容易集聚潮气。

④通向水源的山嘴——常为野兽饮水必经之路。

4）野外避难之策

①防台风之准备

防台风的先决条件是预先获知台风警报，在台风来临前就充分准备应对之策。台风往往引发道路泥泞、山体滑坡、树木折断、洪水泛滥等灾难性后果，不是个人能抗拒的。

防风、防雨、御寒均是防台风保身的基本原则。

a．速往小屋或洞穴避难，若无此种场所时即选择没有土崩或洪水袭击危险的顾虑之处，如高地、岩石下或森林中均是较安全的避难场所。

b．若必须继续前进时，也要弯下身体且不可贸然淋雨，受潮的衣服会夺走体温，造成体力透支。

c．遇强风时，尽量趴在地面往林木丛生处逃生，不可躲在枯树下。

②避开雪崩路线攀爬

长长的山谷最好走南向坡或西向坡，发生雪崩的频率较低。攀爬谷壁时，应穿越两条雪崩路线间的树林。

③防洪水、泥石流

面对即将到来的洪水、泥石流，要沿着垂直于等高线的方向上行，即往山坡的上方走。

4. 行

人们的出行与地理环境密切相关。

①在高山峡谷中，人们利用峡谷之中的急流乘皮筏子漂流。

②在莽莽沙海里，骆驼成为“沙漠之舟”。

③在一望无际的草原上，人们骑着骏马驰骋如飞。

④在江南水乡，人们利用船舶在江河上穿梭往来。

人们出行，无论是旅游还是出差，都要根据天气与环境情况，决定出发时间与选择交通方式。

总之，了解生活中的地理，多方面获取地理信息，充分调用学过的地理知识提高获取分数的能力。

第二部分
方法、技巧篇

赵文丽，地理中心教研室副主任，高级教师，任教 14 年
张晓丽，高二研课主任，高级教师，任教 16 年
王美玉，地理中心教研室研课组副主任，一级教师，任教 10 年
谢永红，高级教师，任教 17 年

★整体把握试卷结构：总体浏览心中有数，时间分配合理作答

1．总体浏览

考生拿到试卷不要急于去看题，先完成试卷、答题卡需要填写的内容，然后整体浏览一下试卷的题数和页数，以做到心中有数。另外，建议在这几分钟的时间里迅速选定选做题，选做题的试题结构固定，难度小，比较容易入题。这样不但可以稳定考试的紧张情绪，又避免了后面越来越紧张的状况而对选做题不能客观选择。

2．时间分配

文综的考试时间是 150 分钟，总分 300 分，平均下来每分钟要答 2 分的试题，如果按着这个标准来计算地理的 11 个客观题应该用 22 分钟，主观题必做题用 23 分钟，选做题用 5 分钟，35 个客观题用时 70 分钟，实际这个时间有些长了，客观题用时坚决不能超过 60 分钟，以 45 分钟左右为宜。但如果客观题用时太长，主观题肯定很紧张，审题也会不充分，客观题得高分不

是靠耗时间。遇到难题敢于暂时绕过去，有舍才有得。

最重要的就是开始答题的紧张度就应该保持在还有十五分钟的节奏上，不要出现答不完题的现象。

★客观题提分技巧：了解近年高考选择题命制特点和趋势并针对性地突破是满分关键

1. 高考客观题命制的特点和趋势

新课标高考文科综合试卷中，地理选择题一般四组或五组，共11道，每题4分，共44分。由于选择题一般比较简单，所以，要想在高考地理考试中得高分，保证选择题不丢分或尽量少丢分是关键。如何做到选择题满分，了解近年来高考选择题命制的特点和趋势并针对性地突破是关键。近几年课标卷地理选择题命制的特点和趋势一般有以下几点。

（1）多以题组的形式出现。

高考地理选择题多以题组的形式出现，这说明该题组中的各题并非独立的，而是有着某种密切的联系，有时上题正好是解答下一题的重要条件。如果审题时不能注意这一点，不能从全局的角度来审读这一题组，而是将自己局限于某一题中，则常常会导致失分。所以，解题时要围绕某一中心问题从现象入手，按照事物发展与认识的基本规律沿某一条主线步步深入，探索其发展的渊源，从而得出答案。

（2）选项的设计往往围绕同一个问题的不同认知或思维的不同结果设计，有强干扰项。

（3）新材料，新情境，注重能力素养考查。

现代的高校需要具有创新思维、创新能力和学习潜质的优秀学生，因此，遴选具有学习潜能和创新精神的优秀考生成为命题的重要任务。所以，考题一般以新的图文材料、新的区域为背景，关注热点，关注地理前沿科学和重大工程，关注社会出现的重大地理问题，关注产生重要影响的国计民生问题等，贴近生活，体现考试的公平，凸显能力的考查。

（4）小切口，深挖掘，注重逻辑思维的考查。

这一特点在近几年的高考试题中已经是常态。以课标Ⅰ卷的第二组题为例，这三道题都是围绕兰斯塔德地区的空间规划这一问题从多个角度深入展开，由表及里、由浅入深，引导考生用所学的知识结合材料情境一步一步地探索完成。

（5）注重主导因素的考查。

新课标不同年份考查题目

	2014 年	2015 年	2016 年
新课标Ⅰ卷	4 题	1 ～ 5 题	1 ～ 3 题
新课标Ⅱ卷	9 ～ 10 题	6 题	3 ～ 4 题、11 题
新课标Ⅲ卷			1 ～ 2 题

近年高考均考查到了主要因素，这就需要我们一方面在备考中夯实相应的基础知识，例如工业的主导因素、农业的主导因素等，另一方面能够结合具体材料情境进行具体问题具体分析。

（6）选择题的阅读量在增加，更加注重信息的获取。

2016 年，课标三套卷子分别出现两组选择题是大段文字无图题，大大加大了审题的难度。

课标Ⅰ卷不同年份选择题字数

不同年份课标Ⅰ卷	2013 年	2014 年	2015 年	2016 年
选择题字数	737	865	1011	1060

2. 高考客观题命制中常见的“陷阱”

（1）鱼目混珠法

这类题目往往以相关、相近或易混的知识、概念等做干扰选项，考查考生的识记和理解能力，考生如果记忆模糊或者理解不透就会失误。

（2016·新课标Ⅰ卷）磷是土壤有机质的重要组成元素，也是植物生长的营养元素。土壤水分增加有利于磷累积，气温升高和流水侵蚀会减少土壤中磷累积量。图2示意我国四川西部某山地东坡土壤中磷累积量的垂直变化。磷高累积区是（A）

A. 高山草甸带

B. 高山冰雪带

C. 山地针阔叶混交林带

D. 常绿阔叶林带

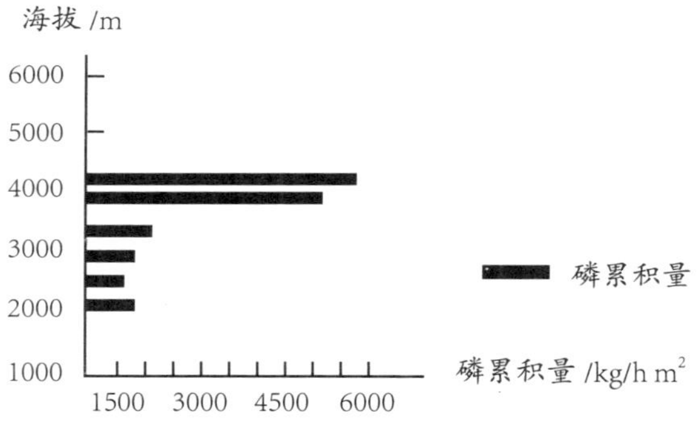

【解析】

该题问的是磷高累积区（海拔4000米左右）的自然带是什么，其中，ABC三个选项都很有可能对学生产生迷惑，所以必须有扎实的基础知识和推理能力才可突破。例如冰川不能发育成好的土壤，故B不正确。

另外，根据垂直递减率判断，该海拔高度与山麓比较大致降温18℃左右，而在四川盆地西部基带夏季均温22℃左右，该海拔高度夏季3~4℃，在雪线附近，从而选择A，排除C。

（2）添枝加叶法

命题者在题干或题肢中增加一些修饰、限制成分，使答案发生变化。

（2016·新课标Ⅰ卷）贝壳堤由死亡的贝类生物在海岸带堆积而成，在沿海地区经常分布着多条贝壳堤，标志着海岸线位置的变化，图示意渤海湾沿岸某地区贝壳堤的分布。在任一条贝壳堤的形成过程中，海岸线（C）

A. 向陆地方向推进

B. 向海洋方向推进

C. 位置稳定

D. 反复进退

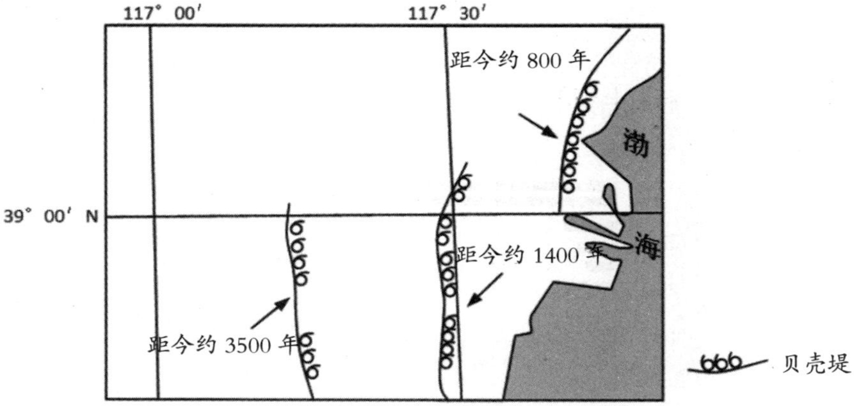

【解析】

这道题学生容易被图中几条贝壳堤干扰，考虑几条贝壳堤形成的动态过程，认为海岸线向海洋方向推进，而错选 B，这就要求学生审题一定要准确，抓住“任一条”的这一修饰、限制条件，即可得知答案，答案选 C。

（3）定式诱惑法

受习惯性思维的影响，很容易误入圈套，掉入陷阱。解答这类试题，要注意分析思维的科学性和全面性，要注重具体问题具体分析。

（2016·新课标Ⅱ卷）某河流位于浙江东部，下游河床受径流与潮汐共同影响：枯水期，以潮流带来的泥沙淤积为主；汛期，上游下泄的径流冲刷河床。图 2 示意该河下游某地 1962 年两个时期河床断面形态，其中，甲是河床最低时期的河床断面。1964 年在该河上游建成水库；2000 年，在该河河口建成大型水闸。水库竣工后，水库下游河流（ B ）

A. 径流量增大

B. 河道淤积

C. 流速加快

D. 河床展宽

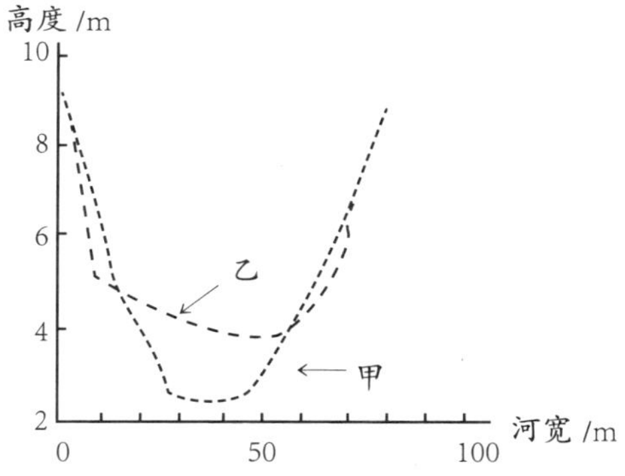

图 2

【解析】

该题考查水库竣工后的影响。水库竣工后，由于水库蓄水，导致河流下游水量减少，河流的流速减慢，径流的冲刷力度减小，淤积加重，河床抬高，由于淤积加重，冲刷减弱，河床不易展宽。故该题选 B 项。但是学生做本题的时候容易受思维定式的影响，首先想到的是河流的调蓄作用和减淤作用，从而自我设置障碍，导致错误。

3．选择题重点题型突破

（1）变化趋势类

这类题注重变化过程的分析和变化趋势的推测，在高考中频率较高。

2016年新课标Ⅰ卷“贝壳堤的变化”、新课标Ⅱ卷“河道横剖面的变化”、新课标Ⅲ卷“植被的变化导致的地表和地下径流的变化”等都体现了近几年新课标卷热衷于变化过程的分析和变化趋势的推测。根据时间往前推，几乎每一年都有这一种类型题出现。

针对这类题首先要理清地理事物之间的关系：谁在变——怎么变——谁跟着变——会怎样；其次，分析其中蕴含的地理原理；最后，运用原理结合题境综合分析。

（2016·新课标Ⅱ卷）如图所示山地为甲、乙两条河流的分水岭，由透水和不透水岩层相间构成。在生态文明建设过程中，该山地被破坏的森林植被得以恢复，随之河流径流量发生了变化，河流径流的年内波动也减缓了。据此完成7～9题。

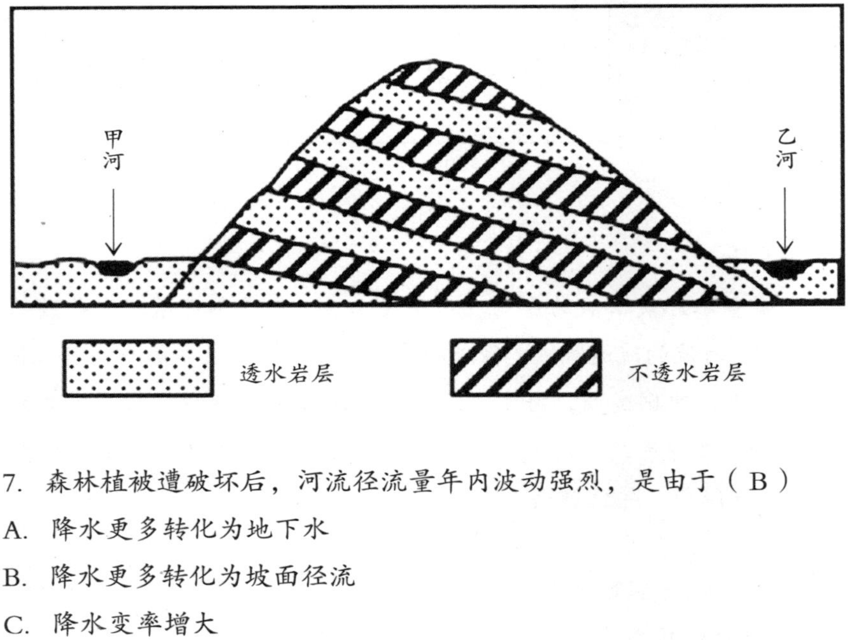

7. 森林植被遭破坏后，河流径流量年内波动强烈，是由于（B）

A. 降水更多转化为地下水

B. 降水更多转化为坡面径流

C. 降水变率增大

D. 河道淤积

8. 森林植被恢复后，该山地的（C）

①降水量增加；②坡面径流增加；③蒸发（腾）量增加；④地下径流增加

A. ①②

B. ②③

C. ③④

D. ①④

9. 如果降水最终主要转化为河流径流，那么森林植被恢复后，甲、乙两条河流径流量发生的变化是（D）

A. 甲增加，乙减少，总量增加

B. 甲减少，乙增加，总量增加

C. 甲增加，乙减少，总量减少

D. 甲减少，乙增加，总量减少

【解析】

这组题我们首先找到变化的主体是森林覆盖率，它的变化会引起下渗的变化、地表径流的变化。此题的本质是在考查植被这一要素对水循环各环节的影响。学生如果能够抓住这一本质，理清各要素之间的关系，再结合题目情境就不难作答了。

（2）等值线判读类

等值线图一直是中学地理教学中的一个重点内容，也是历年高考的热点，常见的等值线图有等高线图、等压线图、等温线图、等降水量线图、等深线图、等太阳高度线图、等盐度线图等。因为等值线图取材广泛，和教材主干知识结合紧密，因此对等值线图的考查在以后的高考试题当中出现的频率仍会很高。

解答这类题型必须掌握最基本的等值线图的判读方法，等值线图的判读可分如下步骤进行：

一读图名。根据图名就可以知道图中所给等值线的类型。

二读数值范围和极端值的大小。

三读弯曲方向和延伸方向。等值线向高值凸出数值为低，向低值凸出数值为高（“凸高为低，凸低为高”）。

四读疏密程度。根据疏密程度判断地理要素变化的缓急，等值线越密，变化越急，反之，变化越缓。

五读局部小范围闭合。若闭合圈上的数值与其周围数值较大的等值线数值相等，则圈内的数值比闭合圈上的值更大，反之，若闭合圈上的数值与周围数值较小的等值线数值相等，则圈内数值比闭合圈上的值更小；

六再结合具体相关知识和特征进行解读。

（2016·上海卷四）等高线图可以反映一个地方的地貌特征。下图为某地区等高线（单位：m）。

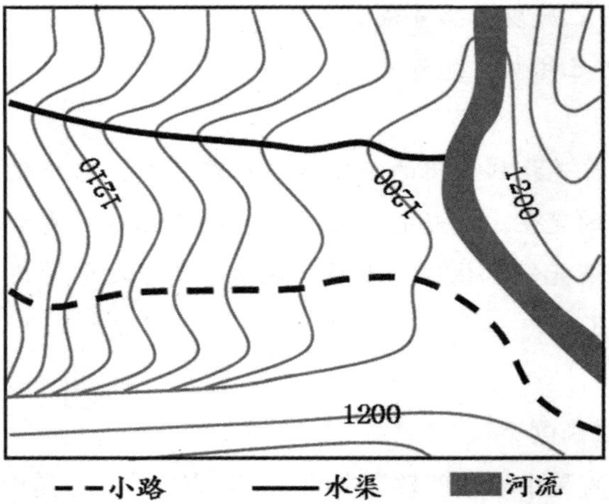

7. 图中主体部分表示的地表景观最可能是（ B ）

A. 新月形沙丘

B. 山地梯田

C. 三角洲平原

D. 滨海沙滩

8. 图中河流的流向及河流与水渠的关系是（ C ）

A. 河流自南向北流，河流水补给水渠

B. 河流自北向南流，河流水补给水渠

C. 河流自北向南流，水渠水汇入河流

D. 河流自南向北流，水渠水汇入河流

【解析】

第 7 题，等高线图判读，一看海拔高度，二看等高线分布特点，再看等高线弯曲变化方向。

图示地区海拔高，等高线分布均匀，判断是山地梯田；新月形沙丘、三角洲平原、滨海沙滩等高线与梯田不同。

第 8 题，判断地形的起伏，一看海拔，二看等高线弯曲方向。

图示地区海拔西高东低，水渠流向河流；河谷处等高线向高处弯曲，河流由北向南流。

（3）地理计算类

近几年的高考地理计算类题充分反映出了已成型的命题规律：以文字材料、图像材料、表格材料展现地理信息，要求从中提取有效的解题信息，根据相关的地理计算规律、原理或公式加以计算，得出正确结论。这就要求考生加强相关题型的研究、训练，从中寻找规律、方法和解题技巧。

常见的地理计算

计算类型	相关计算原理
比例尺的计算	比例尺 = 图上距离 / 实际距离（三者之间换算）
经纬网中距离计算	经线：111km/ 度； 纬线：$111\cos\phi$ km/ 度（ϕ 为纬度）
海拔和相对高度的计算	等高线图上任两点相对高度的计算： $(n-1)d \leqslant H < (n+1)d$（其中 n 表示两地间不同等高线的条数，d 表示等高距）

时区、区时和地方时的计算	某地时区数＝该地经度 /15°，对商四舍五入取整数； 经度每隔 15°，地方时相差 1 小时，相差几个时区就相差几小时； 所求地方（区）时＝已知地方（区）时 ± 时间差（东加西减）
正午太阳高度的计算	H=90° －纬度差（同减异加）； 太阳能热水器摆放角度和楼间距的计算
昼夜长短和日出日落时间的计算	某地昼长＝该地所在纬线圈昼弧度数 /15°； 日出时刻 =12－昼长 /2; 日落时刻 =12+ 昼长 /2
气温计算	根据对流层气温垂直递减率： 高度每上升 100 米，气温降低 0.6℃
人口自然增长率的计算	出生率＝新生人口 / 人口总数； 死亡率＝死亡人口 / 人口总数； 自然增长率＝出生率－死亡率
人口密度的计算	人口密度＝某地人口总数 / 总面积
城市化水平的计算	城市化率＝城市人口数 / 该地区总人口数

（2016·天津卷）2011 年 7 月 17 日，我国南极中山站（69° 22′ S，76° 22′ E）越冬科考队的队员们迎来了极夜后的第一次日出。中山站极夜持续的时间是（ B ）

A. 30 天左右

B. 50 天左右

C. 70 天左右

D. 90 天左右

【解析】

该题组难度较大，关键是掌握极地地区出现极昼极夜的天数以夏至或冬至日为中间日期前后对称原理。

（4）材料解析类

题目的材料呈现方式多样，如文字叙述、图文结合、表格、图表结合、表文结合、图表文结合等。这类题对学生阅读、理解材料的能力以及灵活运用地理知识解决实际问题的能力都提出了较高的要求，属综合性很强的题目。

解答材料型选择题要从两方面入手：首先要注意观察、阅读图、表、材料，充分把握图名、表名、材料中心内容。其次是要结合设问再读材料。这样可以使我们再一次阅读材料时方向更具体，目的更明确，分析更有针对性。

在阅读材料过程中，要特别注意材料当中的“题眼”，即关键的字、词、数据等，这是做题的关键环节，此外，还应该注意材料中各个要素之间的联系和区别，准确理解材料所表达的内容，这样才不至于在做题时感觉模棱两可。

（2016·全国卷Ⅲ）青藏高原东部及其周边山峰分别经历了1次冰期（末次冰期）2次冰期和3次冰期，如图所示。据此完成10～11题。

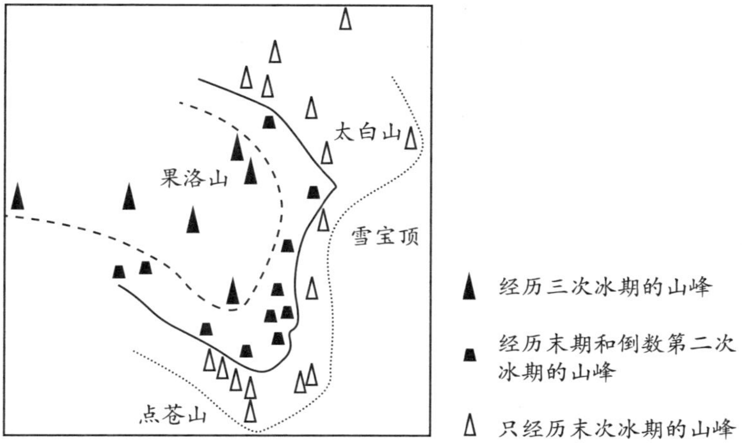

10. 按山峰抬升至冰期时终年积雪高度的先后顺序排列，依次是（ B ）

A. 雪宝顶、太白山、果洛山

B. 果洛山、雪宝顶、太白山

C. 太白山、果洛山、雪宝顶

D. 雪宝顶、果洛山、太白山

11. 点苍山无现代冰川发育，是因为与末次冰期时相比，点苍山现在（ B ）

A. 日照更长

B. 气温更高

C. 植被更密

D. 海拔更低

【解析】

在地球地质历史上曾经出现过四次冰期和三次间冰期，该组试题的设置即基于这一背景。考生无须掌握关于地质历史上冰期的相关知识，能够从材料中准确地获取有效信息并掌握“青藏高原处于不断隆升状态”这一地理常识即可解决该组试题。

该地位于青藏高原东部，各山地的形成均是板块碰撞导致地壳抬升的结果，经历的冰期次数越多，说明抬升至冰期时终年积雪高度的时间越早。学生在做题过程中，要注意材料中各个要素之间的联系和区别，准确理解材料所表达的内容。

★主观题提分技巧：把握特点，有效审题，按类攻克

1. 把握特点

近几年的高考文综地理主观题已形成“无图不成题”的命题风格，以“信息呈现——提取信息——整理信息——分析信息——解决问题”为思维主线，试题图表新、切入点小，重视思维理性、逻辑过程和解决问题的考查。利用区域地图作为信息载体，考查学生的地理知识运用能力，尤其是考查学生的空间定位能力、提取有效信息能力、逻辑推理能力、综合分析能力、文字表述能力等。

怎样才能做到答题要点清晰明了，避免少失分、争取多得分呢？下面我

们从审题和不同类型方面来说明应对策略。

2. 有效审题

（1）正确的审题过程：三审

一审，“题”前审

包括审文字材料，审图像，审选择题题干，审选项，审主观题设问。获取有用地理信息——时间、空间及现象（自然地理现象、人文地理现象、区域地理现象）及其关键词，并打上着重符号。

二审，“题”中审

做题过程中遇到困难重审有用地理信息，看看是否用错或漏用地理信息条件（高考地理题目信息应充分利用，一般不会出现多余的信息）。

三审，“题”后审

审查答题的规范性，包括填涂答题卡位置、书写规范性、分值的得分点等。

审题节奏：注意慢审快答，审题要慢，要细心，要耐心，边审边思考该信息与课本知识原型的对接，甚至还要在草稿纸上画图构思打草稿。答题要快，要果断，要相信第一感觉，不轻易改动。

（2）处理好审题与答题的关系

审题是答题的前提，答题是审题的目的，两者互相影响。考生在高考中既要从时间上进行合理分配，要把握好审题与答题的节奏，慢审题，快答题；又要从态度上引起共同的重视，做到要答题必先审题，答题不脱离审题。切记审题时要将题目要求与材料信息及教材知识有机结合起来，答题时不受惯性思维的影响，必须以审题指导答题。答题不完全照搬审题信息，考试中对于已经形成的地理规律、地理原理的地理信息可直接运用于答题要点中去，但对于以地理现象形式出现的地理信息，考生要进行信息的处理和加工。高考试卷中的地理信息大多是以地理现象的形式展现出来，故考生答题不能是地理现象的简单罗列、堆砌，而要将地理现象上升到理性认识并进行总结、归纳，得出答题要点，只有科学审题与规范答题相结合，高考中才能取得优异成绩。

3．按类攻克

（1）必做题

1）描述类试题分类

①描述地形特征

包括地形类型及地势起伏趋势。

②描述地势特征

地势起伏趋势。

③描述气候特征

多年天气状况（气温及降水）平均综合特征。

④描述天气特征

某一天气温及降水状况。

⑤描述水文特征

包括水位、流量、含沙量、结冰期、流速。

⑥描述水系特征

包括干流特征、支流特征、流域特征。

⑦描述农业生产活动特征

区位条件（自然与人文及利与弊）类型、生产水平、投入。

⑧描述工业生产活动特征

区位条件（自然与人文及利与弊）类型、生产水平、投入。

⑨描述地理环境特征

包括地形、气候、水文、植被、土壤。

⑩描述海水性质特征

指物理性质（温度）与化学性质（盐度）……

2）“描述时空分布规律题”提分技巧

①描述“点状”事物空间分布规律的方法

宏观描述“点”的整体分布特征，微观描述“点”的疏密程度。

“线的走向”规律的描述：宏观描述“线”的整体走向；微观描述“线”的局部弯曲与疏密 。

②描述“线状”事物空间分布规律的方法

“线的数值特征”的描述: 宏观描述“数值”的整体变化趋势; 微观描述“数值”的局部突变特征 。

③描述“片状”事物空间分布规律的方法

宏观描述“片状”事物的整体分布特征，微观描述“片状”事物的数量、宽窄、延伸方向等。

④描述“时间变化规律”的方法

宏观描述事物或现象变化的总趋势（注意“波动”上升与“持续”上升的用法）微观描述某一时间内的升降、快慢变化。

读某地等温线图，描述图中 −10℃等温线分布特征。（6 分）

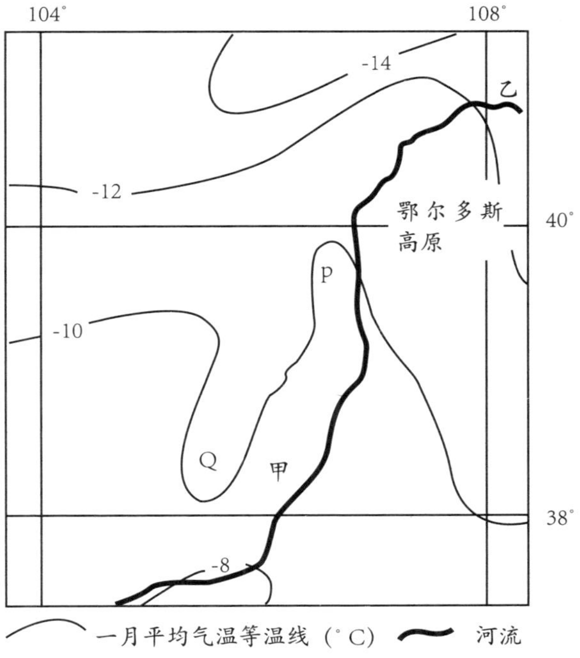

【答案】

大体呈东西方向延伸（或与纬线大体平行）（2分）

Q地等温线明显向南（低纬处）凸出（2分）

P地等温线明显向北（高纬处）凸出（2分）

2）区位分析类试题

应对此类试题的策略是脑海中先有模板，然后再因题制宜，最后再结合材料信息，需要提醒的有两点：

一是区位类试题一定不要忘记位置，因为区位强调一个是在哪里，另一个强调为什么在那里。

二是处理好模板与材料的关系，不能只用模板更不能只用材料，要两者融合。

附：主要产业活动的一般区位

<table>
<tr><td colspan="2">产业活动区位</td><td>自然因素</td><td>经济因素</td><td>社会因素</td></tr>
<tr><td colspan="2">农业区位</td><td>地形、气候、水源、土壤</td><td>市场、交通、劳动力、技术</td><td>政策</td></tr>
<tr><td colspan="2">工业区位</td><td>土地、水源、矿产</td><td>原料、动力、市场、交通、劳动力、技术、信息通信等</td><td>政策、个人偏好、环境、工业惯性等</td></tr>
<tr><td rowspan="4">交通区位</td><td>交通线</td><td>地形、气候、水文</td><td>经济状况、资源状况、技术等</td><td>政治、军事等</td></tr>
<tr><td>港口</td><td>地形、气候、水文</td><td>经济腹地</td><td>依托城市</td></tr>
<tr><td>航空港</td><td>地形、气候、地质</td><td>交通</td><td>与城市距离</td></tr>
<tr><td>汽车站</td><td>地形</td><td>交通</td><td>流动人口</td></tr>
<tr><td colspan="2">商业区位</td><td></td><td>商品生产能力、市场、交通</td><td></td></tr>
<tr><td colspan="2">城市区位</td><td>地形、气候、河流</td><td>资源、交通、科技、旅游等</td><td>政治、军事、宗教等</td></tr>
</table>

（2012·课标卷，36题，22分）阅读图文资料，完成下列要求。

红木家具广受人们的喜爱。目前，我国红木原材主要依赖进口，越南是红木原材的主要出口国。近年来，越南规定红木原材需经初加工方可出口。凭祥（位置见图）是我国红木家具加工基地之一，近年与家具生产相关的企业开始在凭祥集聚。

分析凭祥成为我国红木家具加工基地的区位优势。（10分）

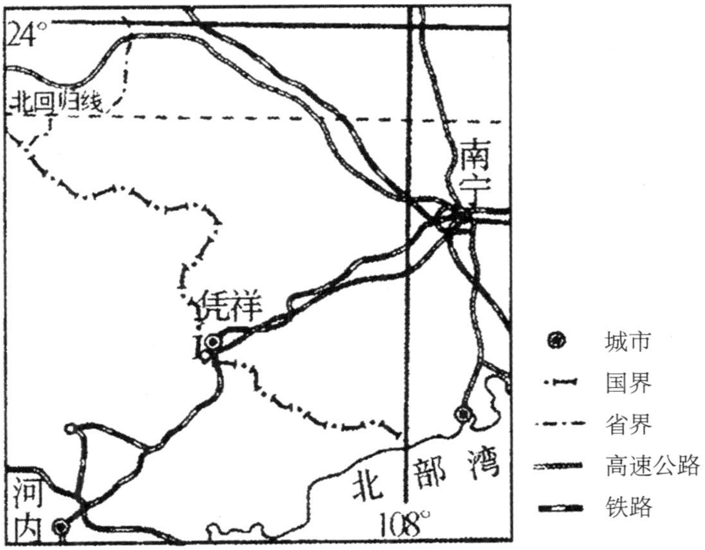

【答案】

（地处边境）接近原料（红木）产地

（我国）市场需求旺盛

（高速公路和铁路经过）交通便捷

（作为边境地区的较大城市）基础设施较完善

3）地理过程类试题

①涵义

“地理过程”是指地理事物和现象发生、发展、演变的过程，强调地理事物和现象随时间变化的特征。

②特点

这类问题与普通的原因分析不同，属于地理过程的原因分析，要求按时间先后、因果联系再现或描述地理过程，将“过程表达清楚”就完成了“原因分析”。

③提分技巧

这类题要点是细化答案，答案可以用一句话概括，但却要求将这一句话拆分为若干句作为答案的要点。

如山前冲积扇的形成原因，实质是流水的沉积作用，但要描述冲（洪）积扇的形成过程，则必须这样描述：“在河流出山口，由于地势突然趋于平缓、水道变得开阔，水流速度放慢，携带的砾石和泥沙大量堆积下来，形成扇形锥状堆积体，即冲（洪）积扇”。

4）开放性试题

①高考总结

开放性试题利于发展学生的批判性思维以及创新思维，近六年课标卷中均有考查，考查的形式由 2011 年的条件开放到 2012—2015 年结论开放再到 2016 年课标Ⅰ整个问题的开放，分值上呈下降趋势。

近三年的开放性题

	2014 年	2015 年	2016 年
课标Ⅰ卷	37（3）36（4）	36（4）	
课标Ⅲ卷			36（3）

②提分技巧

首先选择自己擅长的观点以及问题。

其次确定答题思路，赞同一般是从发展该产业的优势区位以及发展该产业可以获得的社会经济效益，不赞同一般是从区位劣势以及发展中可能遇到的环境问题（环境污染、生态破坏以及资源枯竭角度）来思考作答。

再次结合材料信息以及分值因题制宜选择自己所要写的角度。

最后用简洁的语言规范书写，请同学们看高考题进行总结。

5）图文材料类试题

①高考总结

课标卷高考题主观题是文字材料 120 ~ 150 字，一幅简图，但也有特殊，比如 2015 年课标卷Ⅰ第 37 题（冻土与热棒的工作原理）的阅读量文字材料 423 字，是一般阅读量的近三倍，而且有三幅不同类型的图需要同学们全面读懂，这类题目对考生是有挑战性的，尤其是挑战阅读理解能力、理解运用能力以及心理素质，但静下心来就不难发现该类试题的答案大都蕴含在材料中，关键是如何以平静的心态来调用。

②提分技巧

这类题的应对策略是平时仍然要加大题目阅读量，加大信息提取题的训练量以及良好的心理素质，相信自己可以运用已学的知识和能力让这类题得高分。

（2）选做题

1）如何选题

选做题易得分，选对题更重要，俗话说“方向比速度重要”，选对题就能多得分。

①建议是发下卷子到正式答卷之间的时间快速选定，这样做的原因前面已经提及。

②选题时注意不要凭感觉，一定要选易得分、有话可说的题目。

③细审题后做出选择，一般信息材料提供得多的题目可能易得分，选定就不要中途换题，造成不必要的紧张和浪费。

2）有效答题

①环境保护试题命题特点

有学生反映相对比而言环境保护这道题目不易得分，如果掌握了一些规律，其实也不难。

首先需要明确环境问题包括三大类别：资源枯竭、环境污染、生态破坏，对这三个类别要吃透概念，分清题目问的到底属于哪一类。大多数题目会问某类环境问题的分布地区、发生原因、产生危害、治理措施。

A．资源短缺问题产生的原因

a．资源总量与人均拥有量少。

b．时间或地区分布不均。

c．利用效率低或污染。

d．人口过快增长，需求增加。

e．工农业生产发展、城市规模扩大等需求增加。可用于回答土地资源、水资源、矿产资源、能源资源的短缺原因。

B．环境污染形成的原因

主要是由于人类在生产与生活过程中向环境排放了过多的有害物质，超越了环境自身的净化能力，使这些有害物质在一定时间、一定区域内聚集，其浓度达到了对人体和其他生物产生危害的程度。

C．生态破坏原因

最常见的生态破坏有土地荒漠化、水土流失、石漠化、盐碱化等。每一种生态问题都有各自不同的原因，但所有的生态环境问题都有一个共同的根本原因，就是人类对生态环境的过度干预。当然原因一定要考虑周全，既有自然原因也有人为原因。

a．产生的危害

主要就生产、生活、生命、生物几个角度分析，俗称“四生”。

b．治理措施

主要就管理、工程、生物、技术等角度分析，俗称“管、工、生、技”。

其实任何题目要想得高分，不能被“模板”所束缚，要学会“去模板”。

②旅游地理试题命题特点

旅游地理易得分，常见的问法：原因、影响、做法、特征等，下面主要说一下原因和做法。

A．原因

旅游业发展的原因，可以形成思维链：当地发展旅游需要的条件——当地是否满足其条件——如何让其满足

B．需要的条件

a．旅游资源丰富多样：自然景观、人文风情、历史名胜、休闲娱乐。只要文字材料或者图中涉及某一种资源丰富就算旅游资源丰富。

b．旅游资源组合好、独具特色。旅游资源数量繁、种类多，组合好表现为自然景观和人文风情都存在。如果这个旅游项目或资源比较有特色和新颖，就算旅游资源独具特色。

c．市场广阔。市场广阔一方面是所在地人口众多，一般临近城市；另一方面是所在地经济发达或靠近经济发达区。

d．交通便利。一般图中可以显示出来，铁路（高铁）、公路等交通工具多样。

e．基础设施良好。基础设施良好的体现是位于大城市或者靠近经济发达地区。

f．政策支持。一般大型旅游地的建立都是政府行为，所以政策支持。

C．做法

这类题目就是为当地旅游业发展提出合理化建议，这类题目一般考虑两个角度：经济和环保两手抓。

a．提高旅游业经济效益

加强宣传，提高品牌效应；完善基础设施建设，提高景点接待能力；提高交通通达度等。

b．保护好当地的环境

保护当地生态环境；保护当地特有的文化旅游资源；提高景区承载力，营造舒适的旅游环境。

平时要注意积累一部分类型的题目，如旅游的意义、开发条件的评价、游览价值的评价、乡村旅游、工业旅游、旅游的安全等。

3）把握规律

2016年高考考纲做出调整，高考地理选做题目前只剩旅游地理和环境保护，二选一，分值都是10分，问题也比较简单，答案也相对简单，所以对于考生来说，10分拿8分只算及格，力争满分才对。

★应考提分技巧：精心练习，耐心积累，用心反思，静心考试

1．精心练习

高三学生容易跳进题海，结果越做题越乱。因为你做的那些题目不一定都是“好题”，可能会把你的思路引偏。建议是练高考题，必须要练，不仅练一遍而且要多遍。交叉练、反复练、改编练、真题练。高考题确切地说不是“练”，而是“悟”，它可以把你的思维拉正，引到高考命题人的路子上来，而且也会使你的思维拓宽。训练时一定要遵循一个原则：不计时不作业，做练习无论题量的大小一定要计时，因为考试是考查单位时间的效率，随意做题是练不出真正的效果的。

2．耐心积累

要重视积累和改错，这是很重要的一个环节，因为个人积累的是最适合每个同学自身的学习资料。可以分类整理，针对自身的需求按知识点分类、按模块分类、按题型分类都可以。另外，要养成良好的读图习惯，先读图名再看图例，然后再详细析图，当然还要多看图。

3．用心反思

我们在做文综地理题时，有时明明觉得自己做得很对，而答案却是另一种思路，尤其体现在人文地理的题目上。这种理解性的问题往往带有个人因素在里面，这时不要花时间去纠结自己的答案为什么错，而应该把更多的精力用在研究正确答案上，久而久之就可以养成一种正确的思维方式。反之，如果把大量时间用来纠结错误，时间长了，思路就总会偏离出题人的意图了。

4．静心考试

我们最终要由“学生”转变为“考生”，学得好不如考得好，下面说一下在考场上的几点注意事项。

（1）保持自信

进入考场前要对自己充满自信，“将要考的我都复习到了，我还不明白

的点这次不会考”，这种阿Q精神有时真的很管用。进入考场前也可以再看会儿错题本或者考过的试卷，培养一下题感。

（2）简单思维

很多同学在进入文综测试后都感觉客观题不敢选择，花很长时间仍然错很多，而有的同学做得快且错得少。大家要学会“简单思维”，简单思维是指在你第一时间入题审题之后判读出的正确选项，这个选项往往是对的，这也是命题人所体现出的命题的意图。当你长时间地分析题干和备选项时，你无形中已经把命题人考虑之外的内容强加到这个题目当中了，往往抓不住重点，导致做错。

相信很多同学都有过这样的经历，在考场上改答案往往会改错，尤其是人文地理的题目更明显，老师们就会告诫学生“做完题后没有十足的把握不要改答案，相信自己的第一感觉”。第一感觉就是地理学科素养所赋予你的直觉，也就是简单思维的表现。当然也不是说考场上就不能改答案，如果你有把握就当机立断，立刻改。

（3）讲究答题策略

主观题答题必须要把握住关键词，因为高考阅卷主要是采点给分；其次就是要讲究答题顺序，答案要写得有层次，尽量做到要点化、序号化、段落化，重要的点先写，次要的答点后写。

关于答案要写多少合适，长短不是主要的，写得多不一定得分就高，把该写的关键词写出来了就可以得分，简答题毕竟不是论述题。答题纸的空留的是足够用的，所以没有必要强迫自己填满所有的空隙，虽然看卷时多写也不减分，但是地理主观题用的时间太长，会影响到后面的政治、历史题的作答。

再一点就是看分值答题，以前经常说分值大的题目答案往往也会长一些，8分的题目答案要点可能四点，6分题目答案要点可能三点。但是近两年这样的规律已经被打破，考生就不能一味地看分值，7分题两点、8分题两点的现象已经出现了，千万不能为了凑分值而答题。

其实得高分最大的技巧就是善于反思、肯付出。

第三部分 核心素养篇
李娇阳，地理中心教研室研课组副主任，一级教师，任教 9 年
郭立敏，高三地理教师，任教 14 年
姚美兰，地理中心教研室研课组副主任，高级教师
卢松，一级教师，任教 9 年
孙忠英，研课主任，一级教师，任教 7 年
李莉，地理中心教研室副主任，高级教师，任教 19 年

★人地协调观：围绕正确的环境观和价值观解答

1. 内涵

人地协调观是地理课程最为核心的价值观，它包含着正确的自然观、资源观、人口观、发展观等。近年高考，很多题目都是以某一个具体的现实生活中的情境为载体，考查如何处理好人类活动和自然地理环境各个要素之间的关系或是如何因地制宜地实现区域的可持续发展，这些都属于人地协调发展的范畴。

2. 课标要求

高中地理课程标准对于人地协调观点的教育在很多章节中都有体现。

（1）如必修二的人口和城市中要求“说出环境承载力与人口合理容量的区别”“运用有关资料解释城市化对地理环境的影响”，这个标准可通过活动来实施，比如，让学生联系温州城市化，通过实地考察和资料收集，让他们对这个问题有深刻的认识，从而渗透人地协调观点的教育。另外，在人类与地理环境的协调发展这个知识模块中“了解人地关系思想的历史演变”，“根据有关资料，归纳人类所面临的主要环境问题”，“联系‘21世纪议程’概述可持续发展的基本内涵，举例说明协调人地关系的主要途径”，“领悟走可持续发展之路是人类的必然选择；认识在可持续发展过程中，个人应具备的态度和责任”。这一知识模块的内容对学生的人地协调观进行集中的教育，为了使这种教育深入人心，我们可以通过一些活动来达成这些目标，比如，可以让学生进行实地考察，写一篇图文并茂的环境治理或生态保护的小论文，再结合学生所获取的资料举行“保护环境，从我做起”的主题班会，制定班级爱护环境的守则，同时结合实际在校园里开展环保宣传活动，在这样的活动中，让人地协调观点深入他们的心中，同时又培养了学生的工作能力。

（2）必修三的知识模块“区域地理环境与人类活动”中要求“距离说明产业转移和资源跨区域调配对区域地理环境的影响”，区域可持续发展中“以某区域为例，分析该区域存在的环境与发展问题，诸如水土流失、荒漠化等发生的原因，森林、湿地等开发利用存在的问题，了解其危害和综合治理保护措施”，“以某区域为例，分析该流域开发的地理条件，了解该流域开发建设的基本内容，以及综合治理的对策措施”，“以某区域为例，分析该区域农业生产的条件、布局特点和问题，了解农业持续发展的方法和途径”。这部分的课标要求结合案例，通过了解案例中的人地关系，让学生产生共鸣，并利用已有的人地协调观点来解决其中的人地矛盾。与必修二相比，必修三更侧重于利用人地协调观点来解决问题，并从中吸取经验教训应用到家乡的相关问题中，其中又十分强调因地制宜原则，而因地制宜也是属于人地协调观点的一个表现。

3. 高考考核要求

在高中阶段的地理课堂中，应时刻注意渗透人地协调观点的教育，让学生形成正确的环境观和价值观，对其以后的发展乃至世界的发展都有重要的作用。只有拥有了人地协调观点才能综合合理去分析和解决现实中的问题。

4. 与知识的对接

2016年课标Ⅱ卷37（3）考查到了如何处理人类活动和野生动物保护之间的关系。具体题目设置如下。

陕西南部的秦岭地区是我国大熊猫分布的重点区域。该地区曾经是重要的林木采伐区，20世纪70年代开始先后有多家森工企业在该区内进行采伐作业，1998年后全面停止采伐天然林。图5示意1976年、1987年和2000年该地区大熊猫栖息地范围的变化。

说明协调道路建设与野生动物栖息地保护的主要途径。（6分）

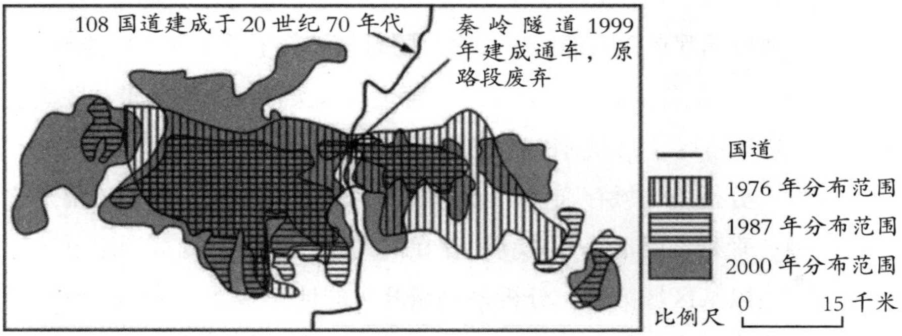

由此可见，人地关系在高考题目中的考查日益凸显，考生在高考中要想准确应对此类题目，在备考的过程中应把握好地理学中的一些重要的学科思想，这些思想的深刻理解可以帮助我们去更好地解决生活实际中的相关问题。

5．涉及的主要学科思想

（1）地理环境整体性的思想

整体性的内涵包括三方面内容：

第一，每一个地理要素作为整体的一部分发展和变化，都能够体现整体环境特征。

第二，“牵一发而动全身”，即某一要素的变化，会导致其他要素甚至整体的改变。

第三，某个区域的变化会导致和它相关联的其他区域的变化。

这种思想的把握可以帮助我们树立正确的资源观，因为人类利用自然资源，其实就是利用自然地理系统中的某些要素，从而对自然地理环境产生影响。某种单项资源，甚至单项资源的某一部分，都与其他自然要素相互联系、相互制约，构成一个整体系统。资源开发利用改变了某一种自然资源或自然地理环境中的某种成分，这必然要影响到周围的其他环境要素，也可以帮助我们理解某种人类活动会产生哪些与之相关的连锁反应。例如，就某个较小的区域而言，当砍伐森林、开垦坡地、过度放牧后，表面上是植被少了，而实际上是整个自然地理环境受到影响。当地表失去了植被，拦截降水的功能下降，地表径流和地下水的形成过程会发生改变，地表极易发生水土流失，于是土壤区域贫瘠化，绿色植物的光合作用减弱，对空气质量也会产生影响……

（2）地理环境差异性的思想

差异性是绝对的，全球地理环境是一个统一的整体，但是这个整体的不同地区，却经常表现出极为显著的地域差异。这一思想的把握有利于帮助我们理解任何人类活动的行为都应顺应自然，结合当地的实际情况，因地制宜地展开。例如，比较肥沃的平原地区和贫瘠的山区农业生产活动的方式是不同的。科技先进、人才济济的地方适合发展技术指向型的产业活动，廉价劳动力丰富的地方适合发展劳动力密集的工业。这一思想的理解有利于帮助我们解决如何结合当地的优势条件因地制宜地发展经济类题目。

★区域认知：“区域的认定”是正确解题的前提

1．内涵

区域认知是地理学基本的认知方法，是指人们具备的对人地关系地域系统的特点、问题进行分析、解释、预测的方法和能力。

2．意义

掌握区域认知方法，就能够形成从区域的视角认识地理现象的意识与习惯，运用区域综合分析、区域比较等方式，来认识区域特征和区域人地关系问题，形成因地制宜进行区域开发的观念。

3．新课标要求

（1）能够从区域的视角认识地理现象，能对区域内综合地理要素宏观把握。

（2）能对不同区域间进行全方位的对比分析，总结区域发展的共同性、差异性。

（3）能够正确解释、评析区域开发利用决策的得与失。

（4）提出区域发展的建议或对策。

4. 高考考核目标

形成从区域视角认识地理事物和现象的意识，对地理事象的空间格局有敏锐的观察力，并运用区域综合分析、区域比较、区域关联等方法认识区域，形成简要评价区域发展的能力。

近几年高考题中的考查频度

2016 年			2015 年		2014 年	
甲卷	乙卷	丙卷	甲卷	乙卷	甲卷	乙卷
3 幅	4 幅	4 幅	6 幅	6 幅	5 幅	4 幅

5. 与知识的对接

区域定位，中国和世界区域地理，世界气候分布及成因，中国和世界地形分布及成因。地理环境的整体性和差异性，国土整治与开发。

（2015 · 课标Ⅰ卷）甘德国际机场曾是世界上最繁忙的航空枢纽之一，当时几乎所有横跨北大西洋的航班都要经停该机场补充燃料。如今，横跨北大西洋的航班不再需要经停此地，据此完成两题。

4. 导致甘德国际机场成为世界上最繁忙机场的主要因素是（A）

A. 位置

B. 经济

C. 地形

D. 人口

5. 甘德国际机场失去国际航空枢纽地位的主要原因是（D）

A. 地区经济发展缓慢

B. 横跨北大西洋航班减少

C. 飞机飞行成本降低

D. 飞机制造技术进步

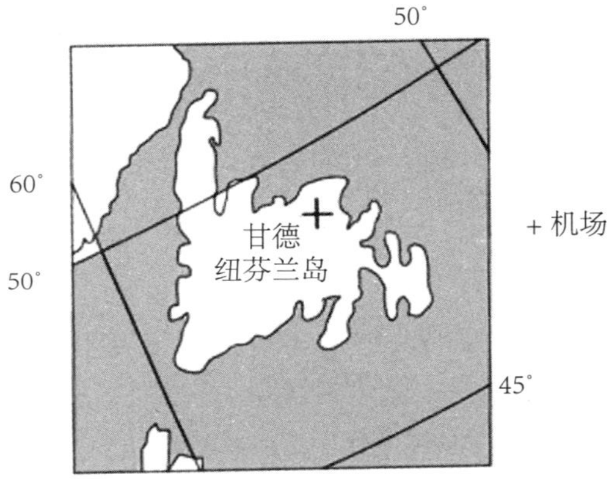

【解析】

要完成4题，需要从图中读出甘德国际机场位于纽芬兰岛，考生需要在头脑中想象出纽芬兰岛位于大西洋中的位置，从而确定出该地是飞机的中转站。该题考查到了区域定位，考查学生对地图的熟悉程度。

（2015·课标Ⅱ卷）1996年我国与M国签订海洋渔业发展合作规划，至2010年我国有20多家沿海渔业企业（总部设在国内）在M国从事渔业捕捞和渔业产品加工，产品除满足M国需求外，还远销其他国家，图2示意M国的位置，据此完成三题。

6. 中资企业在M国从事渔业捕捞和渔业产品加工的主要目的是（B）

A. 满足我国需求

B. 拓展国际市场

C. 提高技术水平

D. 增加当地就业

7. 如考虑运输成本，在下列国家中，M 国中资企业的产品首先应销往（D）

A. 美国

B. 日本

C. 澳大利亚

D. 法国

8. 如果都以当地时间 8：00—12：00 和 14：00—18：00 作为工作时间，在 M 国的中资企业若在双方工作时间内向其总部汇报业务，应选在当时时间的（A）

A. 8：00—9：00

B. 11：00—12：00

C. 14：00—15：00

D. 17：00—18：00

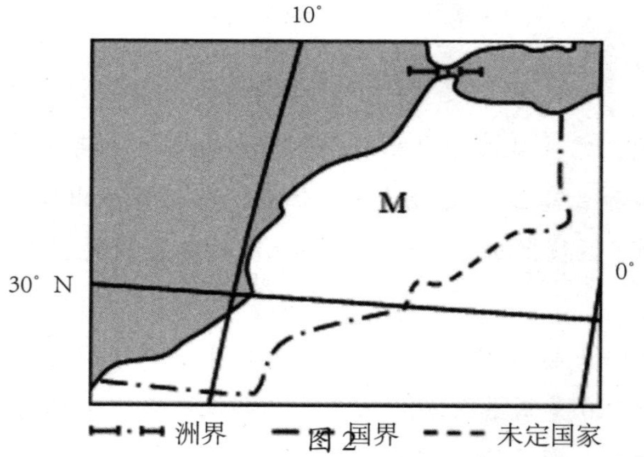

图 2

【解析】

此组题中，第 7 题需要学生通过经纬度判读出该国位于欧洲西北部，同样也是考查学生的区域定位，第 8 题要通过经度来确定该国使用西一区的区时，来与北京时间进行换算。

考点总结：区域地理位置、区域自然条件、区域社会经济、区域环境发展。

主观题中区域考查常见问题：区域自然特征分析、区域资源开发条件评价、区域农业发展条件分析、区域地理事物的特征描述和分析，区域产业发展的条件和影响，区域发展可持续发展措施。

（2015·课标Ⅱ卷，36题，22分）阅读图文材料，完成下列要求。

尼日利亚人口超过1亿，经济以农矿业为主。2014年11月20日，尼日利亚与我国正式签署了沿海铁路项目商务合同。该项目总金额达119.7亿美元，全线采用中国铁路技术标准，是截至当时中国对外工程承包史上单体合同金额最大的项目。图4示意尼日利亚铁路的分布。

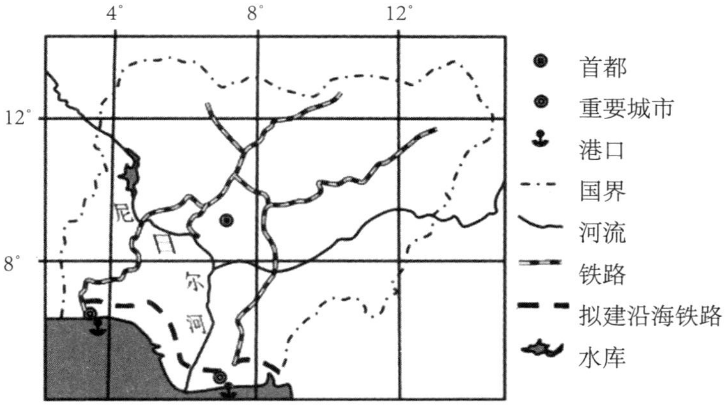

（1）归纳尼日利亚现有铁路路网特点及作用。（6分）

（2）指出尼日利亚拟建沿海铁路的布局特点。（6分）

（3）简述尼日利亚沿海地区的气候特点，以及针对此气候特点，我国相关人员在建设该铁路时，为保障身体安康，需要防范的问题。（6分）

（4）指出因尼日利亚沿海铁路项目而可能获益的我国主要工业部门。（4分）

【解析】

题（3）考查了区域的自然特征及自然特征对人类的影响。

题（1）考查了区域地理事物（交通线）的分布特征及作用。

题（4）则考查该区域交通建设的影响，属区域发展的影响方面。

6．如何提升区域认知能力

①加强自己的地图熟练度。

②学习区域定位技巧。

③归纳我国和世界各区域特征，分析特征的形成原因。

④注重总结人类活动与地理特征的关系。

⑤分析人类活动对地理环境的影响。

★地理实践力：综合考查实践能力与品质

1．内涵

指人们在考察、调查和模拟实验等地理实践活动中所具备的行动能力和品质。野外考察与室内实验、模拟相结合，是现代地理学研究的主要方法，也是高中地理课程特有的学习方式。“地理实践力”素养有助于人们更好地在真实的情境中观察、感悟、理解地理环境，以及它与人类活动的关系，增强社会实践能力和责任感。

2．新课标要求

（1）能够设计科学的地理实验与实践、考察方案，利用地理信息技术及相关工具、材料，分析与处理相关数据与信息，对地理事象进行科学解释与评价。

（2）能够搜寻不同类型区域的统计信息，收集相关区域发展规划，设计区域发展问题的调查方案。

（3）能够有针对性地开展野外资源、环境调查，描述某区域存在的资源和环境问题，并结合已有资料，对解决区域资源和环境问题提出建议。

（4）能够在地理实践中表现出较强的行动能力。

下图分别记录了王工程师连续两个工作日的空间活动（时空运行轨迹）。据图分析，王工程师（C）

①第一天早上步行上班②第二天早上乘地铁上班③每天中午均外出就餐

④第二天在家停留时间比第一天长⑤第一天经历了晚高峰交通拥堵

A. ①②

B. ③④

C. ③④⑤

D. ②③④

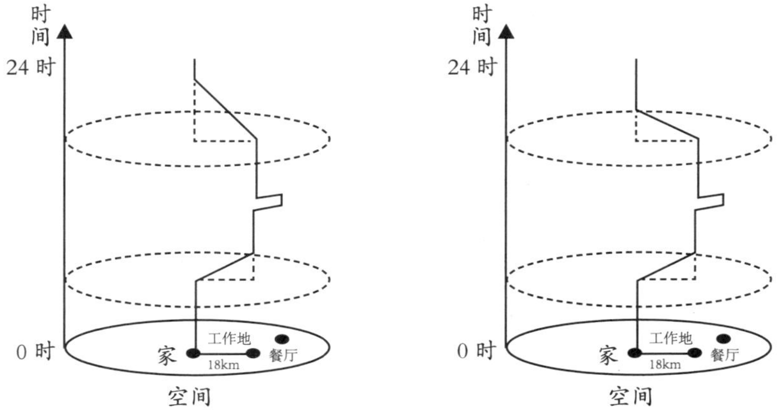

【解析】

首先要识别图中的坐标系：横坐标是距离，纵坐标是时间。

其次要识别圆心与时空运行轨迹的线段对应的是距离和时间。

地理实践力是《地理课程标准》改革中新的课程目标之一，同时也是地理核心素养的重要要素，更是回归地理学科本性，真正让地理学科源于生产生活实际又服务于实际生产生活的体现。但是在我们日常的教学中，由于受到多种因素的制约和限制，地理学习往往局限于教室这一固定空间，学习方式也几乎是纯理论性质为主。如何在目前的教育生态、高考环境下培养学生的地理实践力，还需要我们做进一步的探索及尝试。

作为培养学生地理核心素养的重要手段，地理实践应逐步成为我们高中地理教学的基本方式。在具体的落实中，我们可以参考采用的地理实践活动方式有户外考察、社会调查、模拟实践等。但无论我们采用何种地理实践方式，都应以培养学生地理核心素养为目标，充分结合高中地理知识体系，真正将理论知识落实于实践活动中，通过实践活动锻炼学生分析、解决实际问题的能力，从而提升地理实践力。

首先，模拟实验是我们日常教学中最容易实现的实践活动方式。

地理课堂完全可以像物理、化学、生物课堂一样，将模拟实验引入课堂。这需要教师在教学过程中要转变教学观念，树立地理实践意识，能灵活地运用各种材料、教具，创设不同的情景。学生在这一过程中，要注重观察性、参与性、体验性。由教师单一传授知识这一间接经验，逐步向自己思考、领悟、收获经验的直接经验转换。

其次，充分利用校园环境及乡土地理进行社会调查和户外考察。

比如，观察校园旗杆日影一天之中的变化，确定学校所在地的正南方向；观察不同日期正午日影的长短来进行地球运动知识的实践；调查教学楼不同楼梯口就餐上下楼的数量，从而指导不同班级进出楼梯口的路径安排；对学校所在地典型的地形、气候、土壤、植被、河流等自然景观和当地农业生产、工业布局、环保、交通等各要素进行调查分析，从实际中观察实际场景、感受生活中的地理等。

教学是将实际环境中的生产生活的直接经验转换为课堂中理论知识的间接经验，而好的地理实践活动能够尽最大可能地将这些间接经验还原，让学生自己在实践中获取直接经验，实现学习对生产生活有用的地理，从而培养学生的地理实践力。

★综合思维能力：认识各要素之间相互作用、相互影响、相互制约的关系是破题基础

1．内涵

综合思维指人们全面、系统、动态地认识地理事物和现象的思维品质和能力。人类生存的地理环境是一个综合体。在不同时空组合条件下，自然和

人文要素相互作用，综合决定着地理环境的形成和发展。“综合思维”素养有助于人们从整体性的角度，分析和认识地理环境以及它与人类活动的关系。

2. 高考考核目标

层次一，两两要素或两个以上要素之间相互关系；

层次二，各自然地理要素之间相互关系；

层次三，自然环境要素与社会要素相互关系；

层次四，地方综合：各要素在地域空间的综合；

层次五，地方间综合：不同尺度间的地理要素间的相互关系；

层次六，时空综合：在不同的时间阶段内各要素的相互作用和阶段间的发展影响。

学生应具备综合思维能力，能够从多个维度对地理事物和现象进行分析，认识各要素之间相互作用、相互影响、相互制约的关系，并在一定程度上解释其发生、发展和演化的过程，从而较全面地观察、分析和认识不同地方或区域的地理环境特点，并且能够辩证地看待现实生活中的地理问题。

2016 高考全国卷Ⅰ中的考查

综合思维	10 ~ 11	土壤中磷累积量的垂直变化分析
	36（2）	解释冲积平原地势较高的旱地有利于茉莉种植的原因
	37（2）	分析勘察加半岛大型植食性和肉食性野生动物数量较少的原因
	42	分析莫干山民宿旅游快速发展的原因

3. 与知识的对接

自然地理环境的整体性和差异性，城市区位、农业区位、工业区位、交通区位、旅游区位，国土整治与开发，区域地理。

（2016 年课标Ⅰ卷）磷是土壤有机质的重要组成元素，也是植物生长的营养元素。土壤水分增加有利于磷累积，气温升高和流水侵蚀会减少土壤中磷累积量。下图示意我国四川西部某山地东坡土壤中磷累积量的垂直变化，据此完成 10 ～ 11 题。

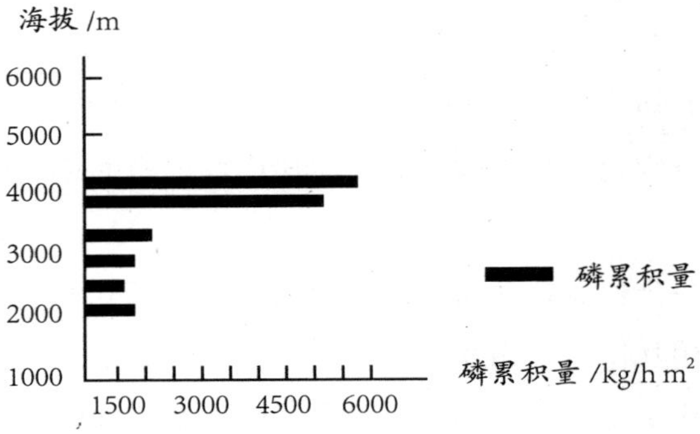

10. 磷高累积区是（A）

A. 高山草甸带

B. 高山冰雪带

C. 山地针阔叶混交林带

D. 常绿阔叶林带

11. 与磷高累积区相比，该山坡 2000 ～ 3000 米处（C ）

A. 大气温度较低

B. 生物生产量较低

C. 土壤含水量较低

D. 地表径流量较小

【解析】

本题主要体现出高考对各要素在空间内部的综合的考查。

第 10 题，读图可知磷高累积区位于海拔 4000m 左右，常绿阔叶林为四川的基带自然带，随着海拔升高，依次出现落叶阔叶林带、针叶林带、高山草甸带、高山冰雪带等。

第 11 题，根据材料，土壤水分、气温和流水侵蚀量都会影响到土壤中的磷积累量。学生要答对这组题目，就必须能够获取到信息，并且有较高的综合思维。

（2016·课标Ⅰ卷，36 题）茉莉喜高温，抗寒性差，25℃以上才能孕育花蕾，32℃～37℃是花蕾成熟开放的最适温度。喜光。根系发达。生长旺季要求水分充足，但土壤过湿不利于其根系发育。开花季节，于天黑之前采成熟花蕾，花蕾开放吐香时间从 20 时左右至次日 10 时左右，是将茶叶染上花香、制作茉莉花茶的最佳时间。

广西横县种植茉莉花历史悠久。改革开放后，茉莉花茶市场需求旺盛，横县开始扩大茉莉种植规模。1983 年，在广西首次举办的茉莉花茶评比中，横县茉莉花茶一举夺魁。至 20 世纪 90 年代，我国茉莉花茶生产重心开始从东南沿海地区向横县转移。2000 年，横县获“中国茉莉之乡”的称号。目前，横县的茉莉鲜花和茉莉花茶产量占全国总产量 80% 以上，占世界总产量 60% 以上。图 5 示意横县在广西的位置和范围。

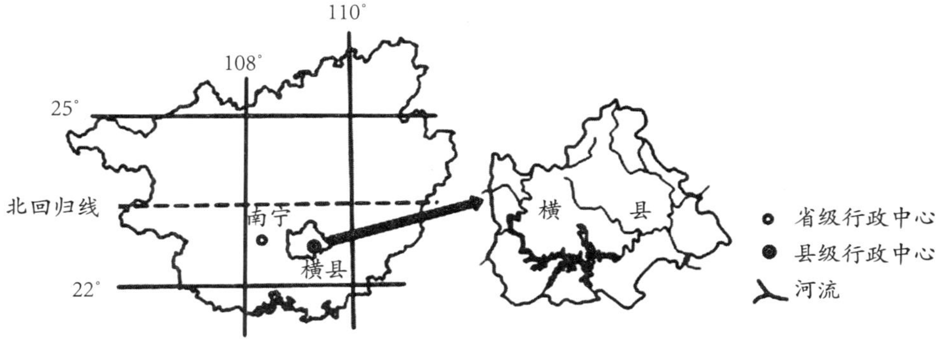

（1）与江苏、浙江相比，说明横县有利于茉莉生长的气候条件。（6 分）

（2）横县地形以河流冲积平原为主，茉莉主要种植在平原地势较高的旱地上。试解释冲积平原地势较高的旱地有利于茉莉种植的原因。（8 分）

（3）目前横县县城集聚了 100 多家茉莉花茶厂。分析横县县城集聚众多

茉莉花茶厂的原因。（6分）

（4）请在下列两个问题中，选择其中一个问题作答。如果多做，则按所做的第一个问题计分。（4分）

问题①：说明横县茉莉花茶产业的发展经验对我国一些贫困县脱贫致富的启示。

问题②：为以茉莉种植为基础的横县经济进一步发展提出建议。

【解析】

该题以我国广西横县地理位置和茉莉花种植为背景材料，从地域认知到人类活动，设问细致灵活，注重考查学生地理思维过程与探究问题的能力。

题（1）依据文字材料中有关茉莉的生长习性，对比横县与苏浙地区气温和降水特点可得出答案。

题（2）设问精细，答题时需抓住河流冲积平原的土层厚，距河近便于灌溉等特点，还要明确地势较高的优势。

题（3）设问重点考查横县聚集众多茶厂的区位优势条件，可从茶源、交通等基础设施入手分析。

编后记：为什么是衡中

从升学率来看——

连续4年考入清华、北大人数超百人，连续4年共荣获6枚国际奥赛金银牌，连续5年通过SM2测试被新加坡著名高校录取人数位居河北省榜首……

三年间，3000余名学生在各级各类大赛上摘金夺银；428名学生被央美、央音、北体等著名高校录取，有5人获国家运动健将称号，有282人被评为国家一、二级运动员；229名学生被加拿大多伦多大学、新加坡国立大学等国外知名高校录取……

十年来，856人考入清华大学和北京大学，30000余名学生考入全国重点大学……

从师资来看——

20位教师被评为特级教师，3位教师被评为国务院特贴专家，30余位教师获得国家级殊荣，4位教师喜获河北省中青年专家称号，11位教师成功入选全省三三三工程二层次人才，28位教师被评为省级骨干教师，200余位教师获得省级荣誉称号，600余位教师赴全国各地讲学或做公开课……

学校不断扩大国际合作交流力度，开设了中美、中加、中英、中澳四个国际班，先后聘请了100余位外籍教师到校任教；在英、美、澳等国家缔结海外姊妹友好学校 18 所，A-Level 全球教学与考试中心等花落学校……

从社会影响来看——

海外 10 余个国家和全国 30 个省、市、自治区的 20 余万人先后来校参观、学习，迄今获得全国文明单位等 70 余项国家级荣誉……

多年以前，教育必提黄冈，多年以后，教育必说衡中。中国名牌中学——衡中——已经从中国走向了国际。

衡中为什么这么牛？江湖传闻已久，众论皆指衡中，我要找到衡中稳居不败的秘籍，这是衡中学霸图书的策划源起，万万没想到，张文茂校长提出不但要做学霸书还应该做名师书，于是，就有了今天的衡中学霸学习方法、衡中名师提分技巧系列图书。

在教育竞争异常激烈的今天，我很感谢衡中能毫无保留地把师生的高分技巧、学习方法分享出来，当你深入了解了衡中便会知道，这，源于衡中骨子里的自信。衡中的校训是“追求卓越”，果然。追求卓越远比高考更重要。

正因此，衡中众目所瞩的不仅是其升学率，它更是中央文明办、中组部、教育部、体育总局等很多国家部门命名的先进单位。也因此，在我们策划的书系中又有了全面呈现衡中的《衡中十年》。

学霸学习方法 + 名师提分技巧 + 衡中十年以完整的体系，构成了全面的衡中、真正的衡中。近年来，过分解读衡中者有之，谬传衡中技巧者有之，市场上关于衡中的图书版本之多，尤以学习方法、提分技巧为众。这恰是衡中与人民日报出版社携手出版这套师、生书系的目的：溯本清源，把真正的衡中秘籍送到需求者手中。这套提分技巧 + 学习方法书系是学校组织、师生创作、唯一授权、首次出版。

对于学霸和名师书，有人说，高考分Ⅰ卷Ⅱ卷，这套书有局限性吗？文理即将不分科，这套书适用吗？这套书更多地探讨了高考冲刺的技巧，高一高二的学生可以做参考吗？

客观地说，衡中学霸学习方法是给千万高考生和千万准高考生看的：试题分阶段，学习方法不分阶段；试卷分Ⅰ卷Ⅱ卷，学习方法不分试卷；文理有分科，学习方法不分文理。对于高一高二在校生来说，快人一步，意味着早进名校；对于高三的高考生来说，高人一分，意味着超越千人。

衡中名师提分技巧在2000多万在校高中生读者群基础上加上了百万高中老师读者群：此书成书背景于全国28个省、市、自治区的教育工作者齐聚衡中，参与第21届全国高中教师专业发展论坛研讨之后。当时，赶来与会人员多达4000余名，衡中教研分量之重可见一斑。探讨用以共享，开放得以进步，高频考点、提分技能不是学生的专利，同时方便教育同行教学参考。

虽不在衡中，也可以与衡中同步。一线名师+名校学霸量材施教，是尖子生保持常胜不败，还是后进生成功逆袭，抑或中等生突飞猛进，总有一款适合你。名师方法全部来自一线教学实操，抛玉引玉；学霸方法为一家之言，一家之言可以借鉴。跟我学，你也可以当学霸。

感谢！成语说“百忙之中”，而对于教研之重、接访之重的衡中是“万忙”。本书成稿于高考百日冲刺关键期，感谢张文茂校长，康新江、王建勇副校长的关怀和支持，以及郭春雨、孙爱虹、张永、韩成君等老师的牵头落实和协调推进，感谢编委会各位领导、老师大力配合，感谢参与编写的各位优秀衡中毕业学子贡献智慧，感谢宁可老师的新思新想！

感谢！从选题立项直至选题实施，感谢社领导及同事的全力支持、一路绿灯！感谢总策划原衡水市市委副秘书长、畅销书《位子》书系作者杨新城！

真心祝愿天下考生：十年寒窗宏图得展，金榜题名遂心所愿！

责编 郭晓飞